Nivel intermedio

Concha Moreno García
Fina García Naranjo
Antonio Hierro

SOCIEDAD GENERAL ESPAÑOLA DE LIBRERÍA, S. A.

Primera edición, 2000
Segunda edición, 2003

Produce: SGEL - Educación
          Avda. Valdelaparra, 29 - 28108 ALCOBENDAS (Madrid)

ISBN: 84-7143-840-2
Depósito Legal: M-26.016-2003
Printed in Spain-Impreso en España

Coordinación editorial: Julia Roncero
Cubierta: R. A. Comunicación Gráfica
Fotocomposición: Nueva Imprenta, S. A.
Impresión: MaterOffset, S.L.
Encuadernación: F. Méndez, S.A.

CONTENIDO

Presentación 5

La guerra de los yacarés (Horacio Quiroga. Uruguay) ... 7
Actividades de cultura 17
La lluvia (Cuento popular. Perú) 23
Actividades de cultura 25
El secreto del lago (Cuento popular. España) 27
Actividades de cultura 30
El último mono (Elvira Lindo. España) 33
Actividades de cultura 39
La tarde que volamos las cometas (Ángel Luis Montilla
Martos. España) 43
Actividades de cultura 50

Solucionario 55

Vocabulario 61

PRESENTACIÓN

A profesores y estudiantes:

Con esta colección queremos que os acerquéis a la Literatura escrita en español a ambos lados del Atlántico. Hemos elegido cuentos de acción y misterio, cuentos sobre costumbres y tradiciones, cuentos populares..., con el fin de que todos encontréis algo que os anime a leer más. Esta serie es el fruto de las sugerencias, tanto de docentes como de alumnos, recogidas a lo largo de los últimos años; en ellas manifestabais la necesidad de leer versiones literarias originales, ya que las adaptaciones desvirtúan la creación artística. Por ello, aquí tenéis cuentos no manipulados ni en el vocabulario ni en la estructura. Eso sí, para ayudaros incluimos: glosas marginales a la manera en que lo hicieron los que, allá por el siglo X, iniciaron el castellano; notas a pie de página con comentarios culturales que se desprenden de algunos dichos o situaciones; un vocabulario multilingüe al final. Para sacarle más jugo a la lectura, os proponemos una serie de actividades, pero no son obligatorias. Por si os decidís a hacerlas, os damos también un solucionario.

Cuentos, cuentos, cuentos tiene tres niveles: intermedio, avanzado y superior. No habrá nivel inicial, por ser textos originales, no adaptados.

Como siempre, sois vosotros lo que haréis de este material algo genial aportando vuestro trabajo y vuestras ideas. Sólo deseamos que estos cuentos os lleven a otros y así disfrutéis del placer de leer y vayáis descubriendo una parte de la cultura hispánica.

CONCHA MORENO GARCÍA
Directora de la colección

LA GUERRA DE LOS YACARÉS

**Horacio Quiroga (1878-1937).
Uruguay**

Este escritor es uno de los más importantes de la cuentística hispanoamericana. En su obra podemos ver una obsesión por la muerte, hecho que tiene relación con su biografía.

Durante una etapa de su vida vive en la provincia tropical de Misiones (Argentina), de donde saca la información para muchos de sus relatos.

Algunas de sus obras más importantes son: **Cuentos de amor, de locura y de muerte** (1917), **Cuentos de la selva** (1918), **El salvaje** (1920), **El desierto** (1924), **Los desterrados** (1926), **Más allá** (1935).

El texto que vamos a leer pertenece a **Cuentos de la selva** y nos presenta uno de los temas típicos de la literatura criollista: la derrota del hombre ante la naturaleza. La visión que nos da de ella lo acercan a las ideas ecologistas actuales.

EN un río muy grande, en un país **desierto** donde nunca había estado el hombre, vivían muchos yacarés [1]. Eran más de cien o más de mil. Comían pescados, bichos [2] que iban a tomar agua al río, pero sobre todo pescados. Dormían la siesta [3] en la arena de la **orilla**, y a veces jugaban sobre el agua cuando había noches de luna.

Todos vivían muy tranquilos y contentos. Pero una tarde, mientras dormían la siesta, un yacaré se despertó **de golpe** y levantó la cabeza porque creía haber **sentido ruido**. **Prestó oídos**, y lejos, muy lejos, oyó efectivamente un ruido sordo y profundo. Entonces llamó al yacaré que dormía a su lado.

—¡Despiértate! —le dijo—. Hay peligro.

—¿Qué cosa? —respondió el otro, **alarmado**.

—No sé —contestó el yacaré que se había despertado primero—. Siento un ruido desconocido.

El segundo yacaré oyó el ruido a su vez, y en un momento despertaron a los otros. Todos se asustaron y corrían de un lado para otro con la **cola** levantada.

Y no era para menos [4] su **inquietud**, porque el ruido crecía, crecía. Pronto vieron como una nubecita de humo a lo lejos, y oyeron un ruido de *chas-chas* en el río como si golpearan el agua muy lejos.

Los yacarés se miraban unos a otros: ¿qué podía ser aquello?

desierto: sin gente.

orilla: límite entre la tierra y el río o mar.

de golpe: de pronto, de repente.
sentir ruido: oír algo.
prestar oídos: poner atención.

alarmado: asustado.

cola: parte posterior del cuerpo y de la columna vertebral de algunos animales.
inquietud: nerviosismo, intranquilidad.

---

[1] *Yacaré*: en América del Sur se llama así al caimán, reptil de los ríos parecido al cocodrilo, pero más pequeño y con el hocico más redondeado.

[2] *Bichos*: se usa generalmente en sentido despectivo para referirse a cualquier animal pequeño o grande.

[3] *La siesta*: tiempo que se duerme por la tarde, después del almuerzo. Es muy típica en lugares donde hace mucho calor.

[4] *No ser para menos*: expresión que se usa para decir que una persona tiene razón para estar preocupada, asustada o sorprendida: *<Estoy asustada con el examen. >No es para menos: es muy difícil; <¡Qué contenta está Tina! >No es para menos, ha ganado el premio.*

sabio: que posee sabiduría.

sino: nada más que.

costado: lado.

ballena: el animal más grande del mar.

gritar: hablar en voz muy alta.

zambullir: meter debajo del agua de golpe.

sacudir: mover algo fuerte o violentamente.

en seguida: rápidamente.

bien + adjetivo: muy...

espantado: asustado.

hundirse: meterse en la parte más honda.

inmensa: muy grande.

vapor de ruedas: tipo de barco de vapor.

navegar: ir por el mar o por el río con un barco.

enojado: enfadado.

engañar: no decir la verdad, mentir.

buque: tipo de barco.

echarse a...: ponerse a..., empezar a...

de nuevo: otra vez.

largar: echar.

oscurecer: poner negro, oscuro.

Pero un yacaré viejo y **sabio**, el más sabio y viejo de todos, un viejo yacaré a quien no quedaban **sino** dos dientes sanos en los **costados** de la boca, y que había hecho una vez un viaje hasta el mar, dijo de repente:

—¡Yo sé lo que es! ¡Es una **ballena**! ¡Son grandes y echan agua blanca por la nariz! El agua cae para atrás.

Al oír esto, los yacarés chiquitos [5] comenzaron a **gritar** como locos de miedo, **zambullendo** la cabeza. Y gritaban:

—¡Es una ballena! ¡Ahí viene la ballena!

Pero el viejo yacaré **sacudió** de la cola al yacarecito que tenía más cerca.

—¡No tengan miedo! —les gritó—. ¡Yo sé lo que es la ballena! ¡Ella tiene miedo de nosotros! ¡Siempre tiene miedo!

Con lo cual los yacarés chicos se tranquilizaron. Pero **en seguida** volvieron a asustarse, porque el humo gris se cambió de repente en humo negro, y todos sintieron **bien** fuerte ahora el *chas-chas-chas* en el agua. Los yacarés, **espantados**, se **hundieron** en el río, dejando solamente fuera los ojos y la punta de la nariz. Y así vieron pasar delante de ellos aquella cosa **inmensa**, llena de humo y golpeando el agua, que era un **vapor de ruedas** que **navegaba** por primera vez por aquel río. El vapor pasó, se alejó y desapareció. Los yacarés entonces fueron saliendo del agua, muy **enojados** con el viejo yacaré, porque los había **engañado**, diciéndoles que eso era una ballena.

—¡Eso no es una ballena! —le gritaron en las orejas porque era un poco sordo—. ¿Qué es eso que pasó?

El viejo yacaré les explicó entonces que era un vapor, lleno de fuego, y que los yacarés se iban a morir todos si el **buque** seguía pasando.

Pero los yacarés se **echaron a** reír, porque creyeron que el viejo se había vuelto loco. ¿Por qué se iban a morir ellos si el vapor seguía pasando? ¡Estaba bien loco, el pobre yacaré viejo!

Y como tenían hambre, se pusieron a buscar pescados.

Pero no había ni un pescado. No encontraron un solo pescado. Todos se habían ido, asustados por el ruido del vapor. No había más pescados.

—¿No les [6] decía yo? —dijo entonces el viejo yacaré—. Ya no tenemos nada que comer. Todos los pescados se han ido. Esperemos hasta mañana. Puede ser que el vapor no vuelva más, y los pescados volverán cuando no tengan miedo.

Pero al día siguiente sintieron **de nuevo** el ruido en el agua, y vieron pasar de nuevo al vapor, haciendo mucho ruido y **largando** tanto humo que **oscurecía** el cielo.

---

[5] *Chiquitos*: pequeñitos. En algunas zonas de Hispanoamérica y España se usa el adjetivo *chico* en lugar de *pequeño.*

[6] *Les*: se refiere a ustedes. En Hispanoamérica es normal el uso de *ustedes* en lugar de *vosotros.*

—Bueno —dijeron entonces los yacarés—; el buque pasó ayer, pasó hoy, y pasará mañana. Ya no habrá más pescados ni bichos que vengan a tomar agua, y nos moriremos de hambre[7]. Hagamos entonces un **dique**.

—¡Sí, un dique! ¡Un dique! —gritaron todos, nadando a toda fuerza hacia la orilla—. ¡Hagamos un dique!

En seguida se pusieron a hacer el dique. Fueron todos al **bosque** y echaron abajo más de diez mil árboles, sobre todo lapachos y quebrachos[8], porque tienen la madera muy dura… Los cortaron con la especie de serrucho[9] que los yacarés tienen encima de la cola; los **empujaron** hasta el agua y los **clavaron** a todo lo ancho del río, a un metro uno del otro. Ningún buque podía pasar por allí, ni grande ni chico. Estaban seguros de que nadie vendría a espantar los pescados. Y como estaban muy cansados, se acostaron a dormir en la playa.

Al otro día dormían cuando oyeron el *chas-chas-chas* del vapor. Todos oyeron, pero ninguno se levantó ni abrió los ojos siquiera[10]. ¿Qué les importaba el buque? Podía hacer todo el ruido que quisiera, por allí no iba a pasar.

En efecto: el vapor estaba muy lejos todavía cuando se **detuvo**. Los hombres que iban adentro miraron con **anteojos** aquella cosa **atravesada** en el río y mandaron un **bote** a ver qué era aquello que les **impedía** pasar. Entonces los yacarés se levantaron y fueron al dique, y miraron por entre los palos, riéndose del chasco que se había llevado[11] el vapor.

El bote se acercó, vio el formidable dique que habían levantado los yacarés y se volvió al vapor. Pero después volvió otra vez al dique, y los hombres del bote gritaron:

—¡Eh, yacarés!

—¡Qué hay![12] —respondieron los yacarés, sacando la cabeza por entre los **troncos** del dique.

—Nos está **estorbando** eso —continuaron los hombres.

—¡Ya lo sabemos!

—¡No podemos pasar!

—¡Es lo que queremos!

—¡**Saquen** el dique!

dique: muro o pared para contener las aguas.

bosque: lugar con muchos árboles y plantas.

empujar: hacer fuerza contra una cosa para moverla.
clavar: fijar o asegurar con clavos.

al otro día: al día siguiente.

detenerse: pararse.
anteojos: instrumento óptico para ver objetos lejanos.
atravesada: en medio de…
bote: barco pequeño que llevan dentro los barcos grandes.
impedir: no dejar, no permitir.

tronco: parte larga y dura de un árbol.
estorbar: molestar.

sacar: quitar.

---

[7] *Morirse de hambre*: aquí tiene el significado real: *si los yacarés no comen, se morirán de hambre*. Pero puede ser una expresión que decimos cuando tenemos mucha hambre para dar más énfasis a la frase.

[8] *Lapachos y quebrachos*: son árboles de América del Sur que tienen la madera muy dura.

[9] *Especie de serrucho…*: *una especie de…* algo: *algo parecido a…* Serrucho: instrumento que usamos para cortar la madera.

[10] *Ni abrió los ojos siquiera* (o *ni siquiera abrió los ojos*): expresión que se usa para decir que no se ha hecho lo que sería más lógico hacer (*Ni siquiera ha gritado de dolor*).

[11] *Llevarse un chasco*: tener una decepción. Cuando ocurre algo que no esperamos y puede estropear los planes, *nos llevamos un chasco*.

[12] *¡Qué hay!*: expresión que se usa para saludar (= *¿qué tal?*) o para preguntar qué pasa.

en voz baja: hablar suave, sin gritos.

loco de contento: muy, muy contento.

lanzarse: arrojarse, iniciar una acción con mucho ánimo.
puesto: lugar.

oficial: militar con poder en el ejército.

echar a pique: hundir.

acorazado: barco de guerra.
cañón: tubo de acero que lanza bombas.
apenas: casi no…
ligero: rápido.

—¡No lo sacamos!

Los hombres del bote hablaron un rato **en voz baja** entre ellos y gritaron después:

—¡Yacarés!

—¿Qué hay? —contestaron ellos.

—¿No lo sacan?

—¡No!

—¡Hasta mañana, entonces!

—¡Hasta cuando quieran!

Y el bote volvió al vapor, mientras los yacarés, **locos de contentos**, daban tremendos colazos [13] en el agua. Ningún vapor iba a pasar por allí y siempre, siempre, habría pescados.

Pero al día siguiente volvió el vapor, y cuando los yacarés miraron el buque, quedaron mudos de asombro [14]: ya no era el mismo buque. Era otro, un buque de color ratón, mucho más grande que el otro. ¿Qué nuevo vapor era ése? ¿Ese también quería pasar? No iba a pasar, no. ¡Ni ése, ni otro, ni ningún otro! [15]

—¡No, no va a pasar! —gritaron los yacarés, **lanzándose** al dique, cada cual a su **puesto** entre los troncos.

El nuevo buque, como el otro, se detuvo lejos, y también como el otro bajó un bote que se acercó al dique.

Dentro venían un **oficial** y ocho marineros. El oficial gritó:

—¡Eh, yacarés!

—¡Qué hay! —respondieron éstos.

—¿No sacan el dique?

—No.

—¿No?

—¡No!

—Está bien —dijo el oficial—. Entonces lo vamos a **echar a pique** a cañonazos [16].

—¡Echen! —contestaron los yacarés.

Y el bote regresó al buque.

Ahora bien, ese buque de color ratón era un buque de guerra, un **acorazado** con terribles **cañones**. El viejo yacaré sabio, que había ido una vez hasta el mar, se acordó de repente, y **apenas** tuvo tiempo de gritar a los otros yacarés:

—¡Escóndanse [17] bajo el agua! ¡**Ligero**! ¡Es un buque de guerra! ¡Cuidado! ¡Escóndanse!

---

[13] *Tremendos colazos*: dar golpes grandes con la cola. Colazos no significa aquí colas grandes, sino movimientos grandes con la cola.

[14] *Quedarse mudo de asombro*: expresión exagerada que usamos cuando nos sorprendemos mucho por algo y no podemos decir ni una palaba.

[15] *Ni… ni… ni…*: Ej.: No quiero ni pan, ni agua, ni leche, ni nada. El uso de una enumeración precedida de *ni* hace más fuerte la negación.

[16] *A cañonazos*: con disparos hechos por un cañón.

[17] *Escóndanse*: (de esconderse: ponerse en un lugar secreto): en Hispanoamérica es común usar *ustedes* en vez de *vosotros* (vid. nota 6).

Los yacarés desaparecieron en un instante bajo el agua y nadaron hacia la orilla, donde quedaron hundidos, con la nariz y los ojos únicamente fuera del agua. En ese mismo momento, del buque salió una gran nube blanca de humo, sonó un terrible **estampido**, y una enorme **bala de cañón** cayó en pleno dique, justo en el medio. Dos o tres troncos volaron hechos pedazos [18], y en seguida cayó otra bala, y otra y otra más, y cada una hacía saltar por el aire [19] en **astillas** un pedazo de dique, hasta que no quedó nada del dique. Ni un tronco, ni una astilla, ni una cáscara. Todo había sido deshecho a cañonazos por el acorazado. Y los yacarés, hundidos en el agua, con los ojos y la nariz solamente fuera, vieron pasar el buque de guerra, **silbando** a toda fuerza.

Entonces los yacarés salieron del agua y dijeron:

—Hagamos otro dique mucho más grande que el otro.

Y en esa misma tarde y esa noche misma hicieron otro dique, con troncos inmensos. Después se acostaron a dormir, cansadísimos, y estaban durmiendo todavía al día siguiente cuando el buque de guerra llegó otra vez, y el bote se acercó al dique.

—¡Eh, yacarés! —gritó el oficial.

—¡Qué hay! —respondieron los yacarés.

—¡Saquen ese otro dique!

—¡No los sacamos!

—¡Lo vamos a **deshacer** a cañonazos como al otro!…

—¡Deshagan…, si pueden!

Y hablaban así con **orgullo** porque estaban seguros de que su nuevo dique no podría ser deshecho ni por todos los cañones del mundo.

Pero un rato después el buque volvió a llenarse de humo, y con un horrible estampido la bala **reventó** en el medio del dique, porque esta vez habían tirado con **granada**. La granada reventó contra los troncos, hizo saltar, despedazó, **redujo** a astillas las enormes **vigas**. La segunda reventó al lado de la primera y otro pedazo de dique voló por el aire. Y así fueron deshaciendo el dique. Y no quedó nada del dique; nada, nada. El buque de guerra pasó entonces delante de los yacarés, y los hombres les **hacían burlas** tapándose la boca.

—Bueno —dijeron entonces los yacarés, saliendo del agua—. Vamos a morir todos, porque el buque va a pasar siempre y los pescados no volverán.

—Y estaban tristes, porque los yacarés chiquitos se **quejaban de** hambre.

estampido: explosión.
bala de cañón: proyectil.

astillas: trozos irregulares que saltan de la madera que se rompe violentamente.

silbar: producir sonidos agudos con algún objeto o por contacto con el aire. Lo hacen los barcos al llegar o salir del puerto.

deshacer: destruir.

orgullo: satisfacción y vanidad.

reventar: abrirse una cosa por no poder soportar la presión interior.
granada: tipo de bomba.
reducir: convertir, hacer más pequeño.
viga: tronco, madera largas y gruesas.
hacer burlas: reírse de ellos.

quejarse de: protestar, lamentarse.

---

[18] *Volar hechos pedazos por los aires*: expresión que significa que algo ha sido destruido (en trozos) mediante una explosión que lo ha lanzado al aire. Se dice también *volar en pedazos*.

[19] *Saltar por el aire*: también se dice *saltar por los aires*, cuando hay una explosión y todo vuela.

tener una esperanza: considerar como posible lo que deseamos.

torpedo: bala grande que lanzan los barcos de guerra.

combate: pelea, lucha.

sobrinito (de sobrino): hijo del hermano o hermana.

gruta: caverna natural o artificial, espacio vacío dentro de una montaña.

atreverse: tener valor para hacer algo peligroso o arriesgado.

de mal humor: enfadado.

adelantarse: moverse hacia adelante.

cariñosamente: con afecto y amor.

prestar: dejar.

callar: no decir nada, guardar silencio.

organizar: preparar.

atar: unir, juntar, sujetar con nudos o cuerdas.

El viejo yacaré dijo entonces:

—Todavía **tenemos una esperanza** de salvarnos. Vamos a ver al Surubí [20]. Yo hice el viaje con él cuando fui hasta el mar, y tiene un **torpedo**. Él vio un **combate** entre dos buques de guerra, y trajo hasta aquí un torpedo que no reventó. Vamos a pedírselo, y aunque está muy enojado con nosotros los yacarés, tiene buen corazón y no querrá que muramos todos.

El hecho es que antes, muchos años antes, los yacarés se habían comido a un **sobrinito** del Surubí, y éste no había querido tener más relaciones con los yacarés. Pero a pesar de todo fueron corriendo a ver al Surubí, que vivía en una **gruta** grandísima en la orilla del río Paraná [21], y que dormía siempre al lado de su torpedo. Hay surubíes que tienen hasta dos metros de largo y el dueño del torpedo era uno de ésos.

—¡Eh, Surubí! —gritaron todos los yacarés desde la entrada de la gruta, sin **atreverse** a entrar por aquel asunto del sobrinito.

—¿Quién me llama? —contestó el Surubí.

—¡Somos nosotros, los yacarés!

—No tengo ni quiero tener relación con ustedes —respondió el Surubí, **de mal humor**.

Entonces el viejo yacaré se **adelantó** un poco en la gruta y dijo:

—¡Soy yo, Surubí! ¡Soy tu amigo el yacaré que hizo contigo el viaje hasta el mar!

Al oír esa voz conocida, el Surubí salió de la gruta.

—¡Ah, no te había conocido! —le dijo **cariñosamente** a su viejo amigo—. ¿Qué quieres?

—Venimos a pedirte el torpedo. Hay un buque de guerra que pasa por nuestro río y espanta a los pescados. Es un buque de guerra, un acorazado. Hicimos un dique, y lo echó a pique. Hicimos otro, y lo echó también a pique. Los pescados se han ido y nos moriremos de hambre. Danos el torpedo, y lo echaremos a pique a él.

El Surubí, al oír esto, pensó un largo rato y después dijo:

—Está bien; les **prestaré** el torpedo, aunque me acuerdo siempre de lo que hicieron con el hijo de mi hermano. ¿Quién sabe hacer reventar el torpedo?

Ninguno sabía, y todos **callaron**.

—Está bien —dijo el Surubí, con orgullo—, yo lo haré reventar. Yo sé hacer esto.

Organizaron entonces el viaje. Los yacarés se **ataron** todos unos con otros; de la cola de uno al cuello del otro; de la cola de éste al cuello de aquél, formando así una larga

---

[20] *Surubí*: pez de río típico de Argentina, Bolivia, Paraguay y Uruguay. Es muy grande, sin escamas y de color plateado con manchas negras.

[21] *Río Paraná*: río que cruza cuatro países de América del Sur y que es el segundo más importante del continente, tras el Amazonas.

13

cadena de yacarés que tenía más de una cuadra [22]. El inmenso Surubí empujó al torpedo hacia la **corriente** y se colocó bajo él, **sosteniéndolo** sobre el **lomo** para que **flotara**. Y como las **lianas** con que estaban atados los yacarés uno detrás del otro se habían concluido, el Surubí se prendió con [23] los dientes de la cola del último yacaré, y así **emprendieron la marcha**. El Surubí sostenía el torpedo, y los yacarés tiraban, corriendo por la costa. Subían, bajaban, saltaban por sobre las piedras, corriendo siempre y arrastrando el torpedo, que levantaba olas como un buque por la **velocidad** de la corrida [24]. Pero a la mañana siguiente, bien temprano, llegaban al lugar donde habían construido el último dique, y comenzaron en seguida otro, pero mucho más fuerte que los anteriores, porque por **consejo** del Surubí colocaron los troncos bien juntos, uno al lado del otro. Era un dique realmente formidable.

Hacía apenas una hora que acababan de colocar el último tronco del dique, cuando el buque de guerra apareció otra vez, y el bote con el oficial y ocho marineros se acercó de nuevo al dique. Los yacarés se **treparon** entonces por los troncos y **asomaron** la cabeza del otro lado.

—¡Eh, yacarés! —gritó el oficial.

—¡Qué hay! —respondieron los yacarés.

—¿Otra vez el dique?

—¡Sí, otra vez!

—¡Saquen ese dique!

—¡Nunca!

—¿No lo sacan?

—¡No!

—Bueno; entonces, oigan —dijo el oficial—. Vamos a deshacer este dique, y para que no quieran hacer otro, los vamos a deshacer después a ustedes, a cañonazos. No va a quedar ni uno solo vivo —ni grandes, ni chicos, ni gordos, ni **flacos**, ni jóvenes, ni viejos— como ese viejísimo yacaré que veo allí, y que no tiene sino dos dientes en los costados de la boca.

El viejo y sabio yacaré, al ver que el oficial hablaba de él y se **burlaba**, le dijo:

—Es cierto que no me quedan sino pocos dientes, y algunos rotos. ¿Pero usted sabe qué van a comer mañana estos dientes? —añadió, abriendo su inmensa boca.

—¿Qué van a comer, a ver [25]? —respondieron los marineros.

corriente: movimiento del agua o del aire.
sostener: mantener firme una cosa, sujetar.
lomo: parte inferior y central de la espalda.
flotar: mantenerse en la superficie del agua u otro líquido.
liana: cuerda natural.
emprender la marcha: comenzar o tomar el camino.
velocidad: rapidez.

consejo: parecer que se da para hacer algo, opinión.

trepar: subir a un lugar alto y difícil ayudándose con las manos y pies.
asomar: sacar o mostrar una cosa por una abertura o por detrás de algo.

flaco: sin fuerzas, delgado y endeble.

burlarse: reírse de alguien.

---

[22] *Cuadra*: en América es una medida de longitud entre los cien y ciento cincuenta metros. También se llama así al lado de una manzana, espacio comprendido entre esquina y esquina de una calle.

[23] *Prenderse con*: cogerse con. En algunos países de Hispanoamérica el verbo *coger* se usa en el habla vulgar para referirse al acto sexual.

[24] *Corrida*: carrera. También se usa para definir el espectáculo de los toros.

[25] *A ver*: vamos a ver.

entretanto: mientras.

únicamente: sólo.

estar alerta: estar atento.
agujero: abertura más o menos redondeada en alguna cosa.
sujetar: coger, agarrar.
a flor de agua: sobre o cerca de la superficie del agua.

boquete: abertura hecha en una pared.

en ese instante: en ese momento.

remolino: movimiento rápido y circular del agua.

chocar: encontrarse de forma violenta una cosa con otra.

darse cuenta de: advertir, comprender.

triunfo: victoria.

herido: que sufre las consecuencias de un accidente, bomba, …

a ambos lados: a cada lado.
pata: pierna del animal.

—A ese oficialito [26] —dijo el yacaré y se bajó rápidamente de su tronco.

Entretanto, el Surubí había colocado su torpedo bien en medio del dique, ordenando a cuatro yacarés que lo agarraran [27] con cuidado y lo hundieran en el agua hasta que él les avisara. Así lo hicieron. En seguida, los demás yacarés se hundieron a su vez cerca de la orilla, dejando **únicamente** la nariz y los ojos fuera del agua. El Surubí se hundió al lado de su torpedo.

De repente el buque de guerra se llenó de humo y lanzó el primer cañonazo contra el dique. La granada reventó justo en el centro del dique, e hizo volar en mil pedazos diez o doce troncos.

Pero el Surubí **estaba alerta** y apenas quedó abierto el **agujero** en el dique, gritó a los yacarés que estaban bajo el agua **sujetando** el torpedo:

—¡Suelten el torpedo, ligero, suelten!

Los yacarés soltaron, y el torpedo vino **a flor de agua**.

En menos del tiempo que se necesita para contarlo, el Surubí colocó el torpedo bien en el centro del **boquete** abierto, apuntando con un solo ojo y, poniendo en movimiento el mecanismo del torpedo, lo lanzó contra el buque.

¡Ya era tiempo! **En ese instante** el acorazado lanzaba su segundo cañonazo y la granada iba a reventar entre los palos, haciendo saltar en astillas otro pedazo de dique.

Pero el torpedo llegaba al buque, y los hombres que estaban en él lo vieron: es decir, vieron el **remolino** que hace en el agua un torpedo. Dieron todos un gran grito de miedo y quisieron mover el acorazado para que el torpedo no lo tocara.

Pero era tarde; el torpedo llegó, **chocó** con el inmenso buque bien en el centro, y reventó.

No es posible **darse cuenta del** terrible ruido con que reventó el torpedo. Reventó, y partió el buque en quince mil pedazos; lanzó por el aire, a cuadras y cuadras de distancia [28], chimeneas, máquinas, cañones, lanchas, todo.

Los yacarés dieron un grito de **triunfo** y corrieron como locos al dique. Desde allí vieron pasar por el agujero abierto por la granada a los hombres muertos, **heridos** y algunos vivos que la corriente del río arrastraba.

Se treparon amontonados en los dos troncos que quedaban **a ambos lados** del boquete y cuando los hombres pasaban por allí, se burlaban tapándose la boca con las **patas**.

---

[26] *Oficialito* (diminutivo de oficial): la terminación -ito aquí tiene un valor negativo, de desprecio hacia el oficial. No quiere decir que sea pequeño.

[27] *Agarrar*: sujetar, coger (*vid.* nota 23).

[28] *A cuadras y cuadras de distancia*: muy lejos. La cuadra es una medida de longitud (*vid.* nota 22). En España se usa la expresión *a kilómetros y kilómetros* con un significado similar. La repetición de la palabra da más fuerza a la frase.

No quisieron comer a ningún hombre, aunque bien lo **merecían**. Sólo cuando pasó uno que tenía **galones** de oro en el traje y que estaba vivo, el viejo yacaré se lanzó **de un salto** al agua, y ¡tac! En dos golpes de boca se lo comió.

—¿Quién es ése? —preguntó el yacarecito **ignorante**.

—Es el oficial —le respondió el Surubí—. Mi viejo amigo le había prometido que lo iba a comer, y se lo ha comido.

Los yacarés sacaron el resto del dique, que para nada servía ya, puesto que ningún buque volvería a pasar por allí. El Surubí, que se había enamorado del cinturón y los cordones del oficial[29], pidió que se los regalaran, y tuvo que sacárselos de entre los dientes al viejo yacaré, pues habían quedado **enredados** allí. El Surubí se puso el cinturón, **abrochándolo** por bajo las **aletas**, y del extremo de sus bigotes prendió los cordones de la espada. Como la piel del Surubí es muy bonita y las manchas oscuras que tiene se parecen a las de una **víbora**, el Surubí nadó una hora pasando y repasando ante los yacarés, que lo admiraban con la boca abierta[30].

Los yacarés lo acompañaron luego hasta su gruta, y le dieron las gracias **infinidad de** veces. Volvieron después a su **paraje**. Los pescados volvieron también, los yacarés vivieron y viven todavía muy felices, porque se han **acostumbrado** al fin a ver pasar vapores y buques que llevan naranjas.

Pero no quieren saber nada de buques de guerra.

merecer: ser digno de un premio o castigo.
galones: adornos que llevan los militares en los hombros y que indican su graduación.
de un salto: saltando.
ignorante: que no sabe.

enredado: liado, que no puede salir de algún lugar.
abrochar: cerrar, unir o ajustar con botones, cinturón, …
aleta: parte con la que nada el pez.
víbora: serpiente peligrosa.

infinidad de: muchas.
paraje: lugar, sitio.
acostumbrarse: adaptarse, adquirir una costumbre.

---

[29] *El cinturón, los cordones y la espada* son complementos que lleva un militar. Tienen generalmente colores dorados, por eso le gustan al surubí.

[30] *Con la boca abierta*: se usa para expresar la admiración o sorpresa por alguna cosa que se ve o se oye. —*Cuando le conté lo que había pasado se quedó con la boca abierta.*

1. El río Paraná se relaciona con cuatro países de América del Sur: Brasil, Paraguay, Argentina y Uruguay. Aquí tienes un mapa de la zona.

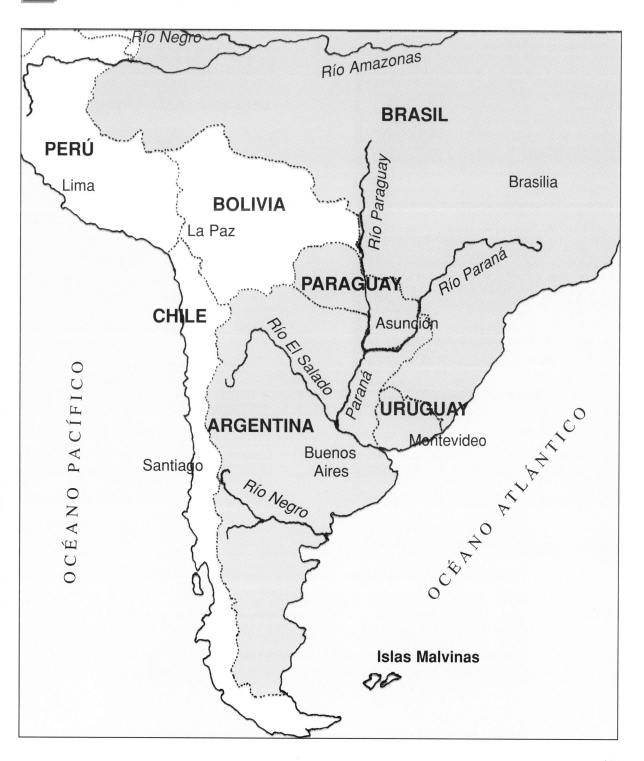

A Lee la información que aparece a continuación sobre algunos parques naturales y sobre riquezas naturales de los países por los que pasa este río. Después, sitúa los parques en el país adecuado del mapa. Si hay algún animal o planta típicos, escribe también sus nombres en el mapa.

Parque El Gran Pantanal

En el centro de Brasil. Es una de las zonas más húmedas del Planeta donde podemos encontrar la mayor concentración de animales y plantas de América. Hay yacarés, papagayos, garzas… Los visitantes pueden ver por la noche los ojos de los yacarés que brillan en la oscuridad.

En los ríos de la región existen alrededor de 280 especies de peces: el piramboia, el pacú, la piraña.

También encontramos el jaguar, el mayor de los felinos de la zona y el ciervo del pantanal, animal elegante y altivo.

El símbolo del pantanal es el tuiuiu, ave con plumas blancas y patas negras y un collar rojo alrededor del cuello.

Plantas indígenas

En Uruguay, al norte de Montevideo (al sur del país) existe un árbol autóctono, el canelón, que da nombre a la zona (Canelones). Los indígenas lo llaman Capororoca por el ruido que hacen sus ramas cuando se echan al fuego. Su tronco es muy curioso pues parece la pata de un elefante. Existen muchos tipos.

Parque Lanin

Está al norte del lago Nahuel Huapi, muy cerca. Hay grandes cantidades de pinos y hayas y entre los animales están el pehuén, el coligüe y el raulí.

Parque Nahuel Huapi

Posee raras especies de árboles y exóticos animales como el pudú y el huemul, dos tipos de ciervos. En el lago Nahuel Huapi es posible encontrar muchos tipos de peces, como la trucha y el salmón.

Está situado en el centro-oeste de Argentina, en la frontera con Chile y cerca del río Negro.

Parque Nacional Jaui

Está al norte del Brasil, entre los ríos Negro y Amazonas. Es un refugio natural de jaguares, nutrias gigantes, ugutíes y capibaras.

Parque Bahía Blanca

Situado en la zona volcánica de Neuquen (en el centro de Argentina, al norte del Río Negro). Allí podemos encontrar uno de los santuarios del cisne. Es muy popular el cisne de cuello negro. También hay otras especies de aves, como gansos, gaviotas y flamencos.

Parque de los Glaciares y Parque de Perito Moreno

Lugar típico y curioso situado al Sur de Argentina. Es uno de los pocos lugares del mundo donde los glaciares, en vez de hacerse más pequeños, crecen día a día. Es muy famoso el Glaciar Perito Moreno que causa grandes desprendimientos sobre el lago argentino. En él podemos ver grandes colonias de guanacos.

B Y ahora vamos a conocer un poco más el río:

En guaraní (lengua indígena) Paraná significa 'padre de las aguas'. Es el segundo río más largo de América, después del Amazonas. Nace en el sudeste de Brasil y va hacia el sur para encontrarse con el río Paraguay. Durante una parte de su recorrido sirve de frontera entre Paraguay y Argentina. Después continúa por Argentina hasta llegar a Santa Fe, donde recibe las aguas de El Salado.

La región del Alto Paraná (antes de unirse al río Paraguay) tiene un clima húmedo y caliente: veranos lluviosos e inviernos secos. Posee dos grandes zonas de vegetación: bosques, al este, y sabana, al oeste.

El Paraná tiene una rica vida animal que incluye muchos peces comestibles. La mayoría de su recorrido es todavía virgen y no está explotada económicamente. La parte baja del río es ruta de transporte de productos agrícolas y manufacturados.

¿Podrías hacer algo parecido con algún río de tu país? Intenta dar los datos más importantes: ciudades por las que pasa, animales y plantas curiosos, zonas de interés que hay en sus alrededores... Después cuéntaselo a tus compañeros.

C Vamos a comprobar lo que has aprendido de la zona. ¿Puedes decir si las siguientes afirmaciones son verdaderas o falsas?:

	V	F

- *En Argentina sólo hay zonas verdes* ....
- *El Amazonas es el segundo río importante de América* ....
- *En el centro del Brasil podemos encontrar una de las zonas más húmedas del Planeta* ....
- *En Argentina es posible ver dos tipos de ciervos de nombres muy extraños* ....
- *El yacaré es un animal de ficción, creado por el autor del cuento. No existe en ninguna parte del mundo* ....
- *El río Paraná no pasa por Paraguay* ....
- *En los países de América del Sur que hemos visto no hay salmones* ...
- *La zona del Alto Paraná tiene un clima muy normal: inviernos con lluvia y veranos calurosos* ....
- *El Canelón es solamente una comida típica de Italia* ....
- *El río Paraná está completamente dominado por el hombre: todo está explotado: árboles, plantas, animales* ....

2. **Nuestra fábula**: En el cuento aparece algo increíble: las personas y los animales hablan, ¡y nos parece normal! Eso es típico de la fábula (historia breve cuyos protagonistas son los animales), que siempre ha estado presente en todas las culturas. Además, los animales y los hombres llegan a un equilibrio que les permite vivir juntos. Vamos a intentar hacer lo mismo con las siguientes situaciones:

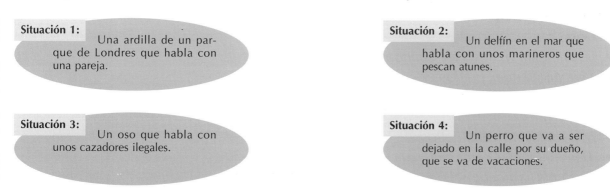

Situación 1: Una ardilla de un parque de Londres que habla con una pareja.

Situación 2: Un delfín en el mar que habla con unos marineros que pescan atunes.

Situación 3: Un oso que habla con unos cazadores ilegales.

Situación 4: Un perro que va a ser dejado en la calle por su dueño, que se va de vacaciones.

Escribe pequeños diálogos (fábulas) entre ellos, en las que los animales piden cosas para vivir mejor. Intenta que, al final, el hombre y el animal puedan vivir juntos en el mismo lugar.

3. En Hispanoamérica no sólo hay caimanes. También podemos encontrar otras especies de animales muy curiosas. ¿Quieres conocer algunos? Éstas son sus fotos:

1 Ñandú

2 Ocelote

3 Tapir

4 Pecarí

 A Hemos mezclado datos sobre sus formas de vida. Observa su foto y relaciona cada animal con sus características:

- *Nos podemos comer su carne y sus huevos.*
- *Pertenece a la especie de los cerdos salvajes.*
- *Tiene muy desarrollado el olfato.*
- *Pesa entre 14 y 40 kilos.*
- *Corre muy rápido.*
- *Se alimenta de insectos cuando es joven.*
- *Vive en grandes prados.*
- *Puede comer monos, ratas, conejos, etc.*
- *Come raíces.*
- *Mide unos 44 centímetros.*
- *Tiene que vivir cerca del agua.*
- *Caza por la noche.*
- *Su comida preferida es la fruta.*
- *Es similar a un gato.*
- *Pesa entre 225 y 300 kilos.*
- *No es peligroso para el ser humano.*

B Y ahora vamos a jugar un poco. Elige uno de los animales de Hispanoamérica que has conocido. Tus compañeros van a adivinarlo con preguntas sobre el físico y la forma de vida. Tú sólo podrás responder *Sí* o *No*. El alumno-a que lo adivine seguirá el juego.

4. Debates:

A En el cuento aparecen dos mundos diferentes: el de la naturaleza y el de los hombres.

● Busca en el texto diez palabras de cada uno:

MUNDO DE LA NATURALEZA	MUNDO DE LOS HOMBRES
Río,	*Buque,*

● Añadid, entre todos, algunas más que no estén en el texto.

● Se divide la clase en dos grupos. Cada uno tiene que defender uno de los dos mundos. Tenéis cinco minutos para pensar. Podéis usar el vocabulario de las dos listas.

B El relato dice que los yacarés «...*viven felices porque se han acostumbrado a ver pasar vapores y buques que llevan naranjas. Pero no quieren saber nada de buques de guerra*».
Por instinto de supervivencia, los yacarés reaccionan como el hombre: usan la violencia. Vamos a hacer un debate sobre este tema. En grupos, vais a defender una de estas posturas:

a) La defensa de la violencia en la solución de los problemas ecológicos (igual que los yacarés).

b) La crítica de la violencia como solución de los problemas ecológicos.

Preparad los argumentos para defender cada tema. Aquí tenéis unas ideas que pueden ayudaros: **cada grupo debe tener sólo la ficha de la postura que va a defender.**

Defensa de la violencia en ecología

- Los yacarés consiguen lo que quieren, por tanto es bueno.
- La violencia es ley de vida: poner ejemplos parecidos al del cuento.
- Es bueno que ganen los fuertes. La guerra sirve para demostrarlo.
- Las palabras no sirven para nada: poner ejemplos.
- Los ecologistas sin violencia no consiguen nada, por lo tanto, hay que usarla.

Ataque de la violencia en ecología

- Las bombas de los yacarés son malas para el medio ambiente también.
- La muerte siempre es negativa e injustificable.
- Los grandes acuerdos en la Historia que se han hecho sin violencia: poner ejemplos.
- La naturaleza sufre las consecuencias de las guerras (ejemplos).
- Las grandes guerras históricas son un fracaso: poner ejemplos.

Exponed vuestros resultados y conclusiones.

LA LLUVIA
(Relato cashinahua) [1]

> ### Cuento popular.
> ### Perú
>
> Este tipo de relatos lo cuentan los ancianos de la selva amazónica de Perú a los niños alrededor del fuego. Son tradicionales y se han transmitido de boca en boca hasta nuestros días.
> En esta leyenda se explica el origen de la lluvia.

---

[1] *Cashinahua:* una de las muchas tribus que viven en la selva amazónica de Perú (América del Sur).

EN el cielo hay un gran lago. Y el lago está siempre lleno de agua. Y las aguas son límpidas y **transparentes**.

En el fondo del lago hay un **agujerito**. Pero una **garza** blanca está parada sobre este hueco y no deja pasar el agua.

De vez en cuando la garza blanca tiene que **abandonar** su sitio con el fin de salir a buscar alimentos para comer. Entonces el agujerito queda **destapado** y el agua sale por el hueco. Y la lluvia cae sobre la tierra mojando los árboles, los campos, a los hombres y a los animales.

Si la garza blanca no se fuese volando a buscar comida, nunca llovería sobre la tierra, los hombres morirían de sed [2] y los campos se secarían.

Si la garza blanca no se **posara** sobre el agujerito del lago, estaría lloviendo **seguido** sobre la tierra, los ríos se **desbordarían**, hombres y animales morirían **ahogados**. Pero la garza blanca sólo deja pasar el agua cuando siente hambre y vuela a buscar alimentos.

Éstas y muchas otras cosas nos cuentan nuestros **ancianos** del caserío [3]. Y nosotros, niños cashinahuas, pensamos que es verdad lo que nos dicen.

transparente: que se puede ver a través.

agujerito (de agujero): abertura más o menos redondeada.

garza: ave zancuda con largas patas que vive cerca de los ríos y pantanos.

de vez en cuando: a veces.

abandonar: dejar un lugar.

destapado: sin tapa o tapón.

posarse: pararse después de haber volado (pájaros, mariposas, moscas…).

seguido: sin parar.

desbordarse: salirse el agua de su camino.

ahogado: que pierde la vida debajo del agua.

anciano: persona mayor, con muchos años.

---

[2] *Morirse de sed*: aquí significa realmente que la gente puede morir si no bebe. Otras veces usamos la expresión sólo para decir con mucho énfasis que queremos beber.

[3] *Caserío*: es un conjunto de casas que no llega a ser pueblo, porque es demasiado pequeño. También se llama así al conjunto formado por una o varias casas y por la tierra para plantar, tener animales…

1.

Ya sabes cómo se explica la lluvia a los niños de la selva del Perú.

A

Vamos a intentar hacer lo mismo para explicar los siguientes fenómenos. Tienes que usar la información que te damos en la ficha:

MAR	Gran bañera	RÍO	Montaña graciosa
	Hombre despistado		Chiste
	Grifo no cerrado		Morirse de risa
LUNA Y ESTRELLAS	Niña con miedo	CIELO ROJO	Mucho frío
	Necesidad de salir por la noche		Comprar calefacción
	Ayuda de los pájaros		30 grados

B

Si la garza no sale, no hay lluvia y todo muere; si la garza está mucho tiempo fuera, hay demasiada lluvia y también es malo. A veces el equilibrio entre la naturaleza y el hombre parece que se rompe. Algunos pueblos también explican esto con cuentos parecidos al que has leído. Intenta hacer lo mismo. Te damos la explicación real. Intenta buscar tú la imaginaria:

Un huracán es… Viento muy fuerte y temible que gira en grandes círculos y que va creciendo cada vez más en forma de torbellino.	
Un terremoto es… Movimiento grande de la tierra causado por fuerzas que actúan en el interior.	
Una erupción de un volcán es… Salida o emisión violenta de materias sólidas, líquidas o gaseosas que se produce por la abertura o grietas en la corteza terrestre.	

C

A nosotros también nos preocupan los fenómenos naturales extraños y a veces les damos explicaciones extrañas. Lee estos titulares:

El eclipse del fin del milenio: ¿Invasión extraterrestre?
El último eclipse del milenio: ¿Principio de un nuevo mundo?
¿Fin del milenio = Fin del mundo?

Ahora haced una lista de otros fenómenos que demuestran el poder misterioso de la naturaleza y que podrían tener titulares semejantes. Haz tú los titulares y coméntalos con tus compañeros.

2. Los ancianos de la selva enseñan a los niños muchas leyendas. Por ejemplo, en Moyobamba, un pueblo al norte del Perú, existen los siguientes cuentos:

> *El Yucu Mama o madre del agua: se piensa que es un enorme y horrible monstruo con forma de serpiente que es la madre de todas las aguas.*
>
> *La Mina de Sal: una vieja muy pobre y con malas ropas es rechazada por unas mujeres. Entonces se va a la montaña. Pero ella es la Madre de la Sal y decide alejar las minas de sal del pueblo. Cuando los hombres van para sacar la sal de las minas, se encuentran con que ya no están en su lugar.*
>
> *El Tunchi o alma en pena: va por las calles y campos y silba cuando va a morir alguien.*

Nuestros abuelos hacen lo mismo. ¿Puedes recordar alguno de esos cuentos? ¿Se han convertido en leyenda? ¿Son típicos de todo el país o de alguna región?…

3. Debate: La selva/La ciudad. ¿Qué es más positivo para educar a los niños? Aquí tenéis algunos puntos sobre los que podéis hablar:

— ¿Quiénes pensáis que respetan más la naturaleza?
— ¿Quiénes tienen más oportunidades para el futuro?
— ¿Quiénes disfrutan más?
— Otras ventajas e inconvenientes de vivir en uno u otro ambiente.
— ¿Qué pensáis de las siguientes afirmaciones: *«La gente del campo es inculta y no entiende nada»; «La ciudad es un lugar perfecto para enseñar a los niños a ser independientes, egoístas, hipócritas…»; «Los niños que viven en el campo no saben qué es un ordenador y por eso son menos inteligentes».*

Escribid ahora un pequeño informe sobre las conclusiones a las que habéis llegado y sobre los puntos más conflictivos del debate.

EL SECRETO DEL LAGO

**Cuento popular (siglo XVI).
España**

Es una de las leyendas castellano-manchegas más populares de la tradición oral española. Con ellas podemos acercarnos a los orígenes de Castilla de forma imaginativa y fantástica.

«El secreto del lago» se sitúa en una pequeña aldea cerca de la laguna de Taravilla y se fecha en septiembre de 1528.

UNA tarde de septiembre de 1528, bajo una **imponente tormenta**, llamó a un **albergue** perdido en un monte un noble caballero [1]. Sus vestidos eran lujosos, y el ventero [2], después de inspeccionar por la **mirilla** de la puerta, abrió **complacido**.

El recién llegado pidió **lumbre** para secar sus ropas y permiso para meter a su caballo en la **cuadra**, que estaba a unos pasos de él. Como la tormenta no **cesaba** y la noche se **echaba encima**, decidió **alojarse** allí; mandó que le prepararan buena cena y una habitación para dormir.

El ventero, imaginando que el caballero sería un gran personaje **extraviado** en la selva y con sus bolsillos **repletos** de escudos [3], **determinó apoderarse** del oro, ya que en aquel rincón tan **intrincado** del bosque nadie le habría visto entrar. Le sirvió la cena lo más pronto posible y, sin cambiar palabra con él, para que sin ninguna distracción se retirara inmediatamente, le indicó su aposento [4]. El dueño de la venta se despidió para acostarse, pues tenía que trabajar de madrugada. Se metió en su cuarto, buscó un **afilado** cuchillo y con gran agitación esperó a que su huésped estuviese acostado.

Escuchó un rato sin **percibir** el menor ruido, y sabiendo ya con **certeza** que el caballero dormía, abrió con cuidado la puerta, se lanzó sobre el **lecho** y **clavó** repetidas veces el arma sobre el infeliz durmiente. El asesino, cuando comprobó a la luz de una **bujía** que el hombre estaba muerto, **registró** sus ropas, **hallando** en ellas varias bolsas de oro.

imponente tormenta: gran tempestad.
albergue: lugar barato para comer y dormir.

mirilla: pequeño agujero en la puerta para ver quién llama.
complacido: amable.
lumbre: fuego.
cuadra: lugar donde están los caballos.
cesar: acabarse una cosa.
echarse encima: ser muy próxima e inminente una cosa.
alojarse: quedarse un tiempo en una casa, hotel, etc.
extraviado: perdido.
repleto: muy lleno.
determinar apoderarse: decidir hacerse dueño de algo.
intrincado: complicado, confuso.
afilado: con el filo muy fino y agudo para que corte.

percibir: notar.
certeza: seguridad.
lecho: cama.
clavar: introducir un objeto con punta en el interior de otro.
bujía: vela.
registrar: examinar algo.
hallar: encontrar.

---

[1] *Noble caballero*: miembro de la aristocracia, clase social que tenía el poder junto con el rey. Los nobles eran llamados *caballeros* porque tenían dinero y posibilidad de ir a caballo en la guerra. En la actualidad, los nobles no tienen poder político, aunque algunas familias poseen tierras y casas desde la Edad Media.

[2] *Ventero*: persona que tiene una venta y trabaja en ella. La venta es una mezcla entre el hotel y un restaurante de carretera.

[3] *Escudo*: moneda antigua de plata o de oro que valía diez reales.

[4] *Aposento*: antigua palabra para decir habitación. También se usaba la palabra como sinónimo de *posada*, *hospedaje*.

cifras fabulosas: cantidades muy grandes.
saco: bolsa grande de tela.
cosido: unido con hilos.
arrojar: tirar, lanzar.
fondo: parte más profunda del mar, río, pozo, etc.
abismo: gran profundidad en el mar o la tierra.
vuelto: cuando regresó.
borrar: hacer desaparecer.
huella: rastro, señal que deja una persona, animal o cosa.
inquietarse: ponerse nervioso.
grabada: inscrita.
hoja: en un cuchillo, la parte que corta.
temblor: movimiento violento.
entrañas: el centro, lo oculto, lo escondido.
sima: agujero grande y profundo en la tierra.

divulgar: hacer pública una cosa, publicar.
detener: llevar a prisión.
ahorcarse: quitarse uno la vida pasándose una cuerda alrededor del cuello.
viga: madera larga y gruesa con la que se hacen los techos.
seno: parte central y profunda.
retirarse: irse, apartarse.
guardar: tener en un lugar secreto o seguro.

El hostelero se sintió feliz; varias veces contó las monedas, que ascendían a **cifras fabulosas**; una vez las puso en lugar seguro, metió a su víctima en un **saco** con piedras y muy **cosido**, y lo llevó a **arrojar** a la laguna de Taravilla [5], la cual creen sin **fondo** y comunicada con la Muela de Utiel [6] por **abismos** subterráneos.

Vuelto a casa, el criminal **borró** toda **huella** del crimen, se acostó satisfecho y durmió toda la noche.

Al día siguiente, como no encontró el cuchillo, se **inquietó** con el pensamiento de que lo había dejado clavado en el muerto y de que el arma tenía **grabada** en la **hoja** el nombre y apellido. Pero, ¿quién iba a sacarlo de allí? Podía vivir tranquilo: ningún humano había llegado jamás al fondo del lago.

Pasados algunos meses, un fuerte **temblor** de tierra abrió las **entrañas** de la Muela de Utiel, y lentamente el nivel del lago de Taravilla fue bajando, bajando, hasta que las aguas desaparecieron en las entrañas de las **simas** y el lago quedó seco. Acudieron a contemplarlo los vecinos de los pueblos cercanos y descubrieron el saco cosido; lo abrieron y encontraron a la víctima del hostelero y el cuchillo con su nombre grabado.

La noticia se **divulgó** rápidamente y el asesino, viéndose descubierto, antes de ser **detenido**, se **ahorcó** de una **viga**.

Semanas más tarde vieron que las aguas volvían a salir del **seno** de la tierra y llenaban el lago.

Desde entonces, se ha repetido varias veces el fenómeno; pero los vecinos creen que las aguas se **retiran** cuando el lago **guarda** un secreto, y vuelven a aparecer cuando se le ha dado al cadáver cristiana sepultura [7].

---

[5] *Laguna de Taravilla:* lago pequeño y famoso que está en el pueblo de Taravilla, en la provincia de Guadalajara (Castilla-La Mancha).

[6] *Muela de Utiel:* montaña famosa que está en la provincia de Guadalajara. Se llama así porque tiene forma de muela.

[7] *Dar cristiana sepultura*: enterrar a una persona en un lugar sagrado y siguiendo el rito cristiano.

1. El cuento se centra en el tema de la avaricia: por tener más dinero el ventero es capaz hasta de matar.

Lee estos textos que tratan situaciones con el mismo tema:

---

①

«...ganaba más que cien ciegos en un año. Mas (...) con todo lo que adquiría y tenía, jamás tan avariento ni mezquino hombre vi (...) Llevaba el pan y todas las otras cosas en un saco de lino que cerraba por la boca con una argolla de hierro y un candado y una llave; y al meter y sacar las cosas, lo hacía con tanta vigilancia y cuidados que no había nadie que pudiera quitarle ni una migaja de pan».

ANÓNIMO, *El Lazarillo de Tormes*

---

②

«El clérigo tenía una arcaza vieja y cerrada con llave, la cual llevaba atada en una bolsa dentro de la camisa. (...) En toda la casa no había nada de comer, como suele haber en otras (...); sólo había cebollas guardadas con llave en lo alto de la casa. Yo recibía una para cuatro días».

FRANCISCO DE QUEVEDO, *El Buscón*

---

③

«Los sábados me enviaba por una cabeza de carnero. Lo cocía y comía los ojos, la lengua, el cogote, sesos y carne de la quijada. Me daba todos los huesos roídos en un plato, diciendo: "Toma, come, que tienes mejor vida que el Papa"».

FRANCISCO DE QUEVEDO, *El Buscón*

---

④

«...era un clérigo que tenía la cama en el suelo y dormía siempre de un lado por no gastar las sábanas».

FRANCISCO DE QUEVEDO, *El Buscón*

---

⑤

«Cuando acabaron de comer, quedaron unos mendrugos en la mesa y, en el plato, dos pellejos y unos huesos, y dijo: "Esto para los criados, que también han de comer"».

FRANCISCO DE QUEVEDO, *El Buscón*

 A El Diccionario de la Real Academia Española de la Lengua define al *tacaño* y al *avaro* de la siguiente manera:

TACAÑO:	Miserable, ruin, mezquino.
AVARO:	Que reserva, oculta o escatima alguna cosa; que desea poseer y adquirir riquezas para atesorarlas.

Según estas definiciones, ¿cómo podríamos calificar a estas personas? Justifica tu respuesta.

B Pon un número a cada texto según te parezca más imperdonable o injustificable la actitud de la persona que se describe (1 = más injustificable; 5 = es la menos criticable). Explica por qué piensas así.

C Hay muchas historias, anécdotas o chistes basados en la avaricia o en la tacañería que nos resultan graciosos por lo ridículos que resultan. Por ejemplo:

> *Un hombre le preguntó a otro que era muy rico, pero muy tacaño y sólo comía latas de atún barato.*
> *—¿Qué es lo que más te gusta en el mundo?*
> *El otro respondió:*
> *—A mí el sol, porque así puedo tomar algo calentito.*

Recordad o inventad historias o anécdotas parecidas. Podéis acudir a los chistes que conocéis o a los cuentos tradicionales de vuestro país.

2. El final:

A Imagina que el caso se resuelve de otra forma. Crea hipótesis diferentes eligiendo entre estas posibilidades:

Introducción de un personaje nuevo, real o fantástico: un detective, una mujer, un familiar…	El caballero no está muerto.

31

B La justicia natural y poética existe en algunas ocasiones, como ha ocurrido en nuestro cuento. Intenta resolver las siguientes situaciones usando el mismo recurso.

CASO	SOLUCIÓN CON JUSTICIA NATURAL
Un hombre mata a otro para robarle el dinero. Lo arroja al fondo de un lago para que nadie descubra el cuerpo.	El lago se seca y el cuerpo asesinado es descubierto. El hombre es detenido.
① Un médico vende pastillas que no contienen nada a personas enfermas. La gente confía en él y paga mucho dinero para conseguirlas.	
② Un hombre se dedica a matar animales y vender su piel a tiendas de moda muy caras y sofisticadas.	
③ Un hombre se hace rico por vender cosas para ciegos, pero nunca ayuda ni quiere saber nada de los ciegos pobres.	

EL ÚLTIMO MONO[1]

Elvira Lindo (1962).
España

Esta escritora nació en Cádiz (Andalucía). Vive en Madrid desde los doce años. Ha escrito guiones para programas de televisión, entrevistas y reseñas para periódicos, pero ella prefiere la radio, a la que se ha dedicado muchos años.

Manolito Gafotas, el personaje que vamos a conocer en este cuento, es un niño que tiene una forma muy especial y simpática de hablar: utiliza las expresiones coloquiales propias de un niño y además las que oye de los mayores y de la televisión.

Otras obras de Elvira Lindo son *¡Cómo molo!* y *El otro barrio.*

---

[1] *Ser el último mono:* expresión que usamos para decir que alguien no es importante.

ME llamo Manolito García Moreno[2], pero si tú entras a mi **barrio** y le preguntas al primer tío[3] que pase:

—Oiga, por favor, ¿Manolito García Moreno?

El tío, una de dos[4], o se encoge de hombros[5] o te **suelta**:

—Oiga, y a mí qué me cuenta[6].

Porque por Manolito García Moreno no me conoce ni el Orejones[7] López, que es mi mejor amigo, aunque algunas veces sea un **cochino** y un **traidor** y otras, un cochino traidor, así, todo junto y **con todas sus letras**, pero es mi mejor amigo y mola un pegote[8].

En Carabanchel[9], que es mi barrio, por si no te lo había dicho, todo el mundo me conoce por Manolito Gafotas. Todo el mundo que me conoce, claro. Los que no me conocen no saben ni que llevo gafas desde que tenía cinco años. Ahora, que ellos se lo pierden[10].

Me pusieron Manolito por el camión[11] de mi padre y al

barrio: cada una de las partes en las que se dividen las ciudades y los pueblos grandes.

soltar algo: decir con violencia algo que debía callarse.

cochino: cerdo.
traidor: que rompe la fidelidad o lealtad que se debe tener.
con todas sus letras: decir algo claramente.

---

[2] *Manolito García Moreno:* típico nombre español compuesto por el nombre de pila, el primer apellido del padre y el primero de la madre. Actualmente puede cambiarse el orden y poner primero el de la madre.

[3] *Tío:* coloquialmente, persona cuya identidad no se sabe o no se quiere decir. También se usa para referirse a una persona de la que se dice algo bueno o malo o como apelativo equivalente a *amigo* o *compañero* (en inglés *man,* en alemán *Mann,* en francés *tipe…*).

[4] *Una de dos:* o… o…: expresión que usamos cuando queremos dar dos posibilidades: *una de dos, o te callas, o te vas ahora mismo.*

[5] *Encogerse de hombros:* hacer un movimiento subiendo los dos hombros a la vez para indicar que no se sabe algo o para mostrar indiferencia.

[6] *Y a mí qué me cuenta: No puedo responderle:* es una forma un poco agresiva y desagradable de decir que no sabemos algo o que no nos interesa.

[7] *El Orejones:* sobrenombre o apodo con el que se conoce al amigo de Manolito porque tiene grandes orejas.

[8] *Esto mola un pegote: esto me gusta mucho.* Esta expresión la usan mucho los niños y jóvenes de Madrid.

[9] *Carabanchel:* barrio de Madrid.

[10] *Perderse algo:* no aprovechar una cosa que podía y debía ser útil o aplicarse mal para otro fin.

[11] *Camión:* en la Península es un medio de transporte de mercancías. En algunas zonas el *camión* se usa como sinónimo de *autobús.*

o sea: es decir.
dinosaurio velociraptor: animal prehistórico.

crucial: importante.
investigadora: que estudia científicamente algo.
orígenes de la humanidad: el principio del ser humano.
me fastidia: me molesta.
está visto que: está claro que...

llorar: salir líquido por los ojos por alguna emoción.
recreo: pausa entre las clases de los niños.
insultar: ofender a alguien con palabras o acciones.
pérdida de tiempo: mal uso del tiempo.
dar pistas: dar señales o indicios que pueden ayudar a saber algo.
a patadas: golpes dados con los pies.

encoger(se): disminuir de tamaño.
cirujano: médico que hace operaciones.

camión le pusieron Manolito por mi padre, que se llama Manolo. A mi padre le pusieron Manolo por su padre, y así hasta el principio de los tiempos. **O sea**, que por si no lo sabe Steven Spielberg, el primer **dinosaurio velociraptor** se llamaba Manolo, y así hasta nuestros días. Hasta el último Manolito García, que soy yo, el último mono. Así es como me llama mi madre en algunos momentos **cruciales** y no me llama así porque sea una **investigadora** de los **orígenes de la humanidad**. Me llama así cuando está a punto de soltarme una galleta o colleja [12]. A mí **me fastidia** que me llame el último mono, y a ella le fastidia que en el barrio me llamen el Gafotas. **Está visto que** nos fastidian cosas distintas aunque seamos de la misma familia.

A mí me gusta que me llamen Gafotas. En mi colegio, que es el «Diego Velázquez», todo el mundo que es un poco importante tiene un mote [13]. Antes de tener un mote yo **lloraba** bastante. Cuando un chulito [14] se metía conmigo [15] en el **recreo** siempre acababa **insultándome** y llamándome cuatro-ojos o gafotas [16]. Desde que soy Manolito Gafotas insultarme es una **pérdida de tiempo**. Bueno, también me pueden llamar *Cabezón* [17], pero eso de momento no se les ha ocurrido y desde luego yo no pienso **dar pistas**. Lo mismo le pasaba a mi amigo el Orejones López; desde que tiene su mote ahora ya nadie se mete con sus orejas.

Hubo un día que discutimos **a patadas** cuando volvíamos del colegio porque él decía que prefería sus orejas a mis gafas de culo de vaso [18] y yo le decía que prefería mis gafas a sus orejas de culo de mono. Eso de culo de mono no le gustó nada, pero es verdad. Cuando hace frío las orejas se le ponen del mismo color que el culo de los monos del zoo; eso está demostrado ante notario [19]. La madre del Orejones le ha dicho que no se preocupe porque de mayor las orejas se **encogen**; y si no se encogen, te las corta un **cirujano** y santas pascuas [20].

---

[12] *Soltar una galleta o una colleja:* dar de manera violenta un golpe con la mano abierta en la cara o en la cabeza.

[13] *Tener un mote:* el mote o apodo es un sobrenombre que se da a una persona por una cualidad especial: *Gafotas,* porque lleva gafas; *Orejones,* porque tiene orejas grandes...

[14] *Chulito* (de *chulo*): adjetivo despectivo y vulgar para hablar de alguien que piensa que es mejor que todos.

[15] *Meterse con alguien:* dar a alguien motivo de inquietud o censurar su conducta o sus actos. A veces se hace en broma.

[16] *Gafotas - cuatro - ojos:* los niños llaman así a otros niños que tienen gafas.

[17] *Cabezón:* que tiene la cabeza grande. Es también un típico mote, muy fuerte.

[18] *Culo de vaso:* los vasos tienen el cristal más gordo por debajo. Cuando se le dice esto a una persona, significa que tiene unas gafas de cristal muy grueso.

[19] *Ante notario:* cuando estamos seguros de algo, decimos que lo *afirmaríamos delante de un notario* para demostrar que lo que decimos es verdad. El notario es un funcionario público que da fe de los contratos, testamentos y otros actos extrajudiciales de acuerdo con las leyes.

[20] *Y santas pascuas:* y ya está, y listo, y punto, se acabó el problema.

La madre del Orejones mola un pegote porque está divorciada, y como se siente **culpable** nunca le levanta la mano [21] al Orejones para que no se le haga más grande el **trauma** que le está **curando** la señorita Esperanza, que es la psicóloga de mi colegio. Mi madre tampoco quiere que me coja traumas, pero, como no está divorciada, me da **de vez en cuando** una colleja, que es su especialidad.

La colleja es una **torta** que te da una madre, o en su defecto [22] cualquiera, en esa parte del cuerpo humano que se llama **nuca**. No es porque sea mi madre, pero la verdad es que es una experta como hay pocas. A mi abuelo no le gusta que mi madre me dé collejas y siempre le dice: «Si le vas a **pegar** dale un poco más abajo, mujer, no le des en la cabeza, que está estudiando.»

Mi abuelo mola, mola mucho, mola un pegote. Hace tres años se vino del pueblo y mi madre cerró la terraza con aluminio visto [23] y puso un sofá-cama para que durmiéramos mi abuelo y yo. Todas las noches le saco la cama. Es un rollo mortal [24] sacarle la cama, pero me **aguanto** muy contento porque luego siempre me da veinticinco pesetas en una moneda para mi cerdo —no es un cerdo de verdad, es una **hucha**— y me estoy haciendo inmensamente rico.

Hay veces que me llama el príncipe **heredero** porque dice que todo lo que tiene ahorrado de su **pensión** será para mí. A mi madre no le gusta que hablemos de la muerte, pero mi abuelo dice que en los cinco años de vida que le quedan piensa hablar de lo que le dé la gana [25].

Mi abuelo siempre dice que quiere morirse antes del año 2000; dice que no tiene ganas de ver lo que pasará en el próximo siglo, que para siglos ya ha tenido bastante con éste. Está **empeñado** en morirse en 1999 y de la **próstata**, porque ya que lleva un montón de tiempo aguantando el rollo de la próstata, tendría poca gracia morirse de otra cosa.

Yo le he dicho que prefiero heredar todo lo de su pensión sin que él se muera, porque dormir con mi abuelo Nicolás mola mucho, mola un pegote. Nos dormimos todas las noches con la radio puesta y si mi madre **prueba a** quitarnos la radio nos despertamos. Nosotros somos así. Si mi abuelo se muriera yo tendría que compartir la terraza de aluminio visto con el *Imbécil*, y eso me cortaría bastante el rollo [26].

culpable: responsable de una acción negativa.

trauma: impresión provocada por un choque que afecta a nuestra psicología.

curar: eliminar, quitar una enfermedad.

de vez en cuando: a veces.

torta: golpe que se da con la mano abierta en la cara.

nuca: parte de atrás, entre la cabeza y el cuello.

pegar: castigar o maltratar a alguien con golpes.

aguantar: soportar, tolerar a una persona o cosa molesta o desagradable.

hucha: objeto de madera, barro, metal… que sirve para guardar dinero.

heredero: persona que por testamento o ley recibe el dinero de otra cuando ésta muere.

pensión: dinero que se recibe periódicamente de las instituciones de la seguridad social.

empeñarse: insistir con energía en lo que se cree, trabajar duro por algo.

próstata: glándula que tienen los hombres en la vejiga de la orina y que segrega líquido.

probar a: intentar una cosa.

imbécil: escaso de razón.

---

[21] *Levantar la mano a alguien:* pegar a alguien.

[22] *En su defecto:* a falta de la persona o cosa de que se habla. Es una expresión muy formal que Manolito ha aprendido seguramente de la tele.

[23] *Cerrar la terraza con aluminio visto:* en España es usual convertir la terraza en una habitación cuando se necesita más espacio.

[24] *Ser un rollo mortal:* expresión coloquial que usan mucho los jóvenes para decir que algo es muy, muy aburrido o pesado.

[25] *Hacer uno lo que le da la gana:* seguir el propio gusto sin atender a nada más. La frase *No me da la gana…* es una forma fuerte, agresiva y un poco vulgar de rechazar algo, de decir *no quiero*.

[26] *Me corta el rollo:* expresión para decir que una situación o persona impide hacer algo o quita libertad. También se usa para mandar callar a alguien de forma coloquial: ¡*Corta el rollo!*

no darse cuenta: hacer algo sin advertirlo, sin querer.
puño: mano cerrada.
estallar: explotar.

estrenar: usar o ponerse algo por primera vez.
acercarse: ir hacia algo o alguien.
cuna: cama de los bebés.

llanto: líquido que fluye de los ojos por alguna emoción, efusión de lágrimas acompañada de sollozos.

aposta: con intención, adrede.
merecer: ser digno de recibir un premio o castigo.

muda: sin sonido ni voz.

dar vergüenza algo: sentir que no es digno. Cuando algo nos da vergüenza, nos ponemos rojos.

a lo mejor: quizás.
cárcel: prisión.

El *Imbécil* es mi hermanito pequeño, el único que tengo. A mi madre no le gusta que le llame el *Imbécil*; no hay ningún mote que a ella le haga gracia. Que conste que [27] yo se lo empecé a llamar **sin darme cuenta**. No fue de esas veces que te pones a pensar con los **puños** sujetando la cabeza porque te va a **estallar**.

Me salió el primer día que nació. Me llevó mi abuelo al hospital; yo tenía cinco años; me acuerdo porque acababa de **estrenar** mis primeras gafas y mi vecina la Luisa siempre decía: «Pobrecillo, con cinco años.»

Bueno, pues me **acerqué** a la **cuna** y le fui a abrir un ojo con la mano porque el Orejones me había dicho que si mi hermanito tenía los ojos rojos es que estaba poseído por el diablo. Yo fui a hacerlo con mi mejor intención y el tío se puso a llorar con ese **llanto** tan falso que tiene. Entonces todos se me echaron encima como si el poseído fuera yo y pensé por primera vez: «¡Qué imbécil!», y es de esas cosas que ya no se te quitan de la cabeza. Así que nadie me puede decir que le haya puesto el mote **aposta**; ha sido él, que ha nacido para molestar y se lo **merece**.

Igual que yo me merezco que mi abuelo me llame: Manolito, el *Nuevo Joselito* [28]: Porque mi abuelo me enseñó su canción preferida, que se llama *Campanera,* y que es una canción muy antigua, de cuando no había wáter en la casa de mi abuelo y la televisión era **muda**. Algunas noches jugamos a *Joselito,* que era el niño antiguo que la cantaba en el pasado, y yo le canto la canción y luego hago que vuelo [29] y esas cosas, porque, si no, jugar a *Joselito,* una vez que acabas de cantar *Campanera,* se convierte en un rollo repollo [30]. Además, a mi abuelo se le saltan las lágrimas [31] por lo antigua que es *Campanera* y porque el niño antiguo acabó en la cárcel; y a mí me **da vergüenza** que mi abuelo llore con lo viejo que es por un niño tan antiguo.

Resumiendo [32], que si vas a Carabanchel y preguntas por Manolito, el *Nuevo Joselito,* tampoco te van a querer decir nada o **a lo mejor** te señalan la **cárcel** de mi barrio, por hacerse los graciosos, que es una costumbre que tiene la gente.

[27] *Que conste que…:* expresión procedente del lenguaje administrativo equivalente a *que quede prueba escrita.* Parece que Manolito está imitando el lenguaje de la tele.

[28] *Joselito:* niño actor y cantante famoso en los años cincuenta. Una de sus canciones más populares era *Campanera.* Cuando se hizo mayor, Joselito estuvo en la cárcel por un problema de drogas.

[29] *Hago que vuelo:* los niños cuando van a jugar usan la expresión *hacer que…*; *hago que vuelo* es actuar imitando el vuelo. También la expresión se usa como sinónimo de *disimular.*

[30] *Rollo repollo:* juego de palabras. Aquí la autora ha querido jugar con el sonido para imitar la forma de hablar de los niños.

[31] *Saltársele las lágrimas a alguien:* enternecerse, echarse a llorar de improviso y sin poder controlarlo.

[32] *Resumiendo:* expresión que se usa para introducir un resumen de las ideas antes desarrolladas. Se pueden usar también: *en resumen, para terminar, como resumen…*

No sabrán quién es Manuel, ni Manolo, ni Manuel García Moreno, ni el *Nuevo Joselito*, pero todo el mundo te dará pelos y también señales [33] de Manolito, más conocido a este lado del río Manzanares [34] como *Gafotas,* más conocido **en su propia casa** como «Ya ves tú quién fue a hablar [35]: *El Último Mono*».

en su propia casa: en su casa (más énfasis).

---

[33] *Dar pelos y señales de algo:* contar todos los detalles y circunstancias de una cosa.

[34] *Río Manzanares:* río de Madrid. Cuando la autora dice *«a este lado del río Manzanares»* puede haber una alusión simpática a las películas del Oeste en las que siempre hay frases relacionadas con un río importante para localizar la acción: *A este lado del Río Grande, a este lado del Mississippi…*

[35] *Ya ves tú quién fue a hablar:* expresión irónica que usamos para rechazar o criticar a una persona que se muestra como ejemplo o modelo en una determinada situación. Significa lo mismo que *tú no puedes hablar de eso* o *tú no eres un buen ejemplo.*

ACTIVIDADES DE CULTURA

1. Nuestro protagonista se llama Manuel García Moreno. Ya sabes cómo funcionan los nombres y apellidos en España (*vid.* nota 2).

A Escribe los diminutivos de los siguientes nombres:

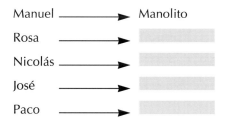

Manuel ⟶ Manolito

Rosa ⟶

Nicolás ⟶

José ⟶

Paco ⟶

B En España para poner los nombres se usan diferentes criterios: poner el nombre de algún familiar cercano (abuelo, abuela, padre, madre, tío…), poner un nombre que gusta mucho o de algún personaje famoso, poner un nombre que está de moda… ¿Cuáles son los criterios para poner el nombre en tu país? Haced una encuesta a vuestros compañeros para saber:

- *Sus nombres y los de su familia.*
- *¿Por qué le pusieron ese nombre?*
- *¿Cuáles son los nombres más típicos y los más raros de su país?*
- *¿Te gusta tu nombre?*
- *¿Qué nombre pondrías o le has puesto tú a tu hijo? ¿Por qué?*
- *¿Es distinto poner nombre a los animales?*
- *¿Cómo funcionan los apellidos en tu país?*

Tras el trabajo, podéis sacar conclusiones generales para ver si existen nombres que se repiten, si los criterios para poner un nombre son los mismos, si a la gente le gusta su nombre, etcétera.

2. Y ahora los motes y apodos.

A Estos motes que te damos a continuación pertenecen a algunas familias españolas. ¿Qué pueden significar? Intenta explicarlos teniendo en cuenta la información que se da en el cuento y usando tu imaginación:

- *El Manazas.*
- *El Conejo.*
- *Zapatos grandes.*
- *Los Morenos.*
- *Los Alemanes.*

B Hay muchos personajes históricos o famosos que también tienen motes o apodos. Lee la biografía de éstos y a ver si aciertas su sobrenombre. Puedes añadir un personaje famoso de tu país para que tus compañeros adivinen su apodo.

CRISTÓBAL COLÓN	ALFONSO X (1221-1284)
Es el marino y descubridor más importante del mundo. Nació en 1451 y murió en 1506. Descubrió el Nuevo Mundo (América) en 1492. *Sobrenombre:*	Fue Rey de Castilla y de León. Era hijo de Fernando III y Beatriz de Suabia. Luchó contra los árabes. Destacó por su inteligencia y su amor por la cultura. Creó la Escuela de Traductores de Toledo. *Sobrenombre:*
CELIA CRUZ	**MARADONA**
Es la cantante de salsa más famosa del mundo. Nació en Cuba en 1925. Lleva más de sesenta años cantando y es una número uno en la música latina. Le encanta ponerse pelucas. *Sobrenombre:*	Es un famoso jugador de fútbol argentino. Nació en Lanús, cerca de Buenos Aires, en 1960. Empezó a jugar al fútbol a los nueve años y a los dieciséis ya pertenecía a la selección argentina. Es muy bajo. *Sobrenombre:*
SIMÓN BOLÍVAR	**MI PERSONAJE ES**
Militar y político sudamericano. Nació en 1783 en Caracas. Gracias a él Sudamérica consiguió la libertad y la independencia. Murió en 1830. *Sobrenombre:*	

C Ahora inventa un mote divertido para cinco personas de tu familia o para cinco de tus amigos. Después explica por qué has elegido ese apodo.

Persona	Mote	¿?

3. Manolito habla usando características del habla coloquial (*El Orejones, gafas de culo de vaso...*). Pero para usar estas expresiones hay que estar en una situación adecuada; de lo contrario, puedes parecer maleducado.

A ¿En qué situaciones las usarías y en cuáles no?

EXPRESIONES	En la oficina	En el bar con tus amigos	En una comida con la familia de tu amigo	Con gente que no conoces, en la calle
Mola un pegote				
Tío				
Con pelos y señales				
Gafas de culo de vaso				
Ser un rollo				
Ser un chulo				

B Imagina que estás en las siguientes situaciones. Intenta rectificar: úsalas cuando creas que es apropiado:

En la oficina, con tu jefe:

▶ *Hola, señor García, ¿qué tal el nuevo ordenador?*

◀ *Pues mola un pegote. Perdón, quiero decir que* ▓▓▓▓▓▓▓▓▓▓

▶ *Me alegro. ¿Y sus compañeros?*

◀ *Pues ahora que lo pregunta tengo que decirle que hay un tío que es un chulito, o sea, quiero decir que* ▓▓▓▓▓▓▓▓▓▓

▶ *A ver qué podemos hacer. ¿Puede usted contarme lo que ha pasado?*

◀ *Sí, ahora mismo se lo cuento con pelos y señales.*

▶ *¿Cómo?*

◀ *Perdón, quería decir que ahora* ▓▓▓▓▓▓▓▓▓▓

En una cena formal:

▶ *¡Hola! ¿Qué tal?*

◀ *Bien. ¿Y tú? ¿Has cambiado de imagen? Te noto algo nuevo.*

▶ *Sí, es que me he puesto lentillas.*

◀ *Pues muy bien, porque tus gafas eran de culo de vaso.*

▶ *¿¡¡¡Qué!!!?*

◀ *Quiero decir que tus gafas eran* ▓▓▓▓▓▓ *y* ▓

En el colegio, con tus amigos:

▶ *Hola, Manolo. ¿Qué tal las clases?*

◀ *Han sido un poco aburridas, demasiado serias. Quiero decir que* ▓▓▓▓▓▓▓▓▓▓

▶ *¡¡¡Ah!!!*

◀ *¿Quién es ese señor que viene por ahí? No le conozco.*

▶ *¿Señor? ¿Qué te pasa Manolito? ¿Estás enfermo? ¿Por qué hablas tan raro?*

◀ *Perdona, ¿quién es ese*

▶ *¿Cuál?*

◀ *Ese que tiene las gafas un poco gruesas.*

▶ *¿Un poco? Si tiene gafas de*

◀ *Bueno, eso.*

4. Manolito es un chico de hoy. Oír música y ver la televisión son dos de sus aficiones favoritas. La verdad es que comparte esos gustos con toda su familia; sobre todo con el abuelo.

A Haz una encuesta entre tus compañeros de clase para ver cuáles son sus programas de televisión favoritos y cuáles no les gustan nada. Después podéis sacar conclusiones para ver si vuestros gustos coinciden.

ALUMNO	Me gusta/n	No me gusta/n

B Al abuelo le encanta la canción *Campanera* porque está unida a sus recuerdos sentimentales; con ella vuelve a sus años de juventud. Cada época tiene unas canciones y, a veces, esas canciones pueden estar relacionadas con diferentes momentos de nuestra vida. *¿Estás de acuerdo?*

- *¿Os ocurre a vosotros lo mismo que al abuelo?*
- *¿Qué tipo de canciones escuchan las diferentes generaciones de tu país?*
- *Cuenta a tus compañeros qué canciones son importantes para ti. Relaciónalas con algún momento de tu vida (tu primer amor, vacaciones de verano, tu boda, tu entrada en la universidad...).*

LA TARDE QUE VOLAMOS LAS COMETAS[1]

Ángel Luis Montilla Martos (1965). España

Profesor de Lengua y Literatura. Ha publicado poemas, relatos y crítica literaria en revistas españolas e hispanoamericanas, además de varios libros de poemas (Antología porosa, La dulce faena e Igual desarreglo) y relatos (Prosas domésticas y un relato de andar por casa). También escribe novelas cortas destinadas a extranjeros que aprenden español.

En el relato que vamos a leer el autor utiliza una sencillez argumental y lingüística que está lejos de su estilo habitual (mezcla de humor, brevedad y referencias culturales).

---

[1] *Volar las cometas:* expresión para describir la acción de hacer que las cometas vayan por el aire. La cometa es un juguete de tela o papel que, cogido por una cuerda o hilo, se lanza al aire.

ESTA redacción [2] trata de las ganas que teníamos todos los del pueblo de volar las cometas un verano.

El colegio se había acabado. A mí me habían dado las notas [3]. No eran malas, pero tampoco buenas. Era junio y todos estábamos cansados del año. Los últimos días de exámenes nos comíamos los lápices y las **gomas**, un poco por los nervios de las preguntas y un poco porque veíamos unos pájaros grandes que volaban por el cielo, que se ponía rojo por la tarde. Los padres estaban también **hartos** de tener que levantarnos cada mañana y hacernos los desayunos y todo eso.

El último día, cuando nos dieron las vacaciones, todos los de la **banda** nos fuimos a las piedras, debajo del **Eucalipto** Grande. Ramonchi [4], el jefe, dijo:

—Este verano vamos a volar cometas.

Todos nos miramos para ver si teníamos ganas de eso, de volar cometas.

Yo había pensado en largas excursiones a las **pozas,** en guerras de chorlitos [5], en tirarles ratones muertos a las niñas, pero no se me había **pasado por la cabeza** lo de [6] volar cometas.

Ramonchi se dio cuenta de que a muchos no nos parecía divertido, así que sacó una revista pequeña del **bolsillo** de atrás del pantalón y dijo:

—Es la moda en Japón.

goma: sirve para quitar de un papel las palabras escritas con lápiz.

harto: muy cansado.

banda: grupo de amigos que juegan y salen juntos.
eucalipto: tipo de árbol.

poza: lugar del río donde se queda el agua parada, charca.
pasársele algo por la cabeza: imaginar o pensar una cosa.

bolsillo: parte de la ropa (pantalón, vestido, falda…) que sirve para meter cosas usuales.

---

[2] *La redacción* es un texto escrito que generalmente mandan a los niños de la escuela para que aprendan a escribir.

[3] *Dar las notas:* cuando acaban las clases, los niños reciben las calificaciones de los profesores; *los profesores les dan las notas.*

[4] *Ramonchi:* es una variante coloquial, familiar, de Ramón, nombre de chico. En una banda de chicos siempre hay un jefe, que es el mayor o el que habla más…

[5] *Guerras de chorlitos:* los niños juegan a hacer guerras tirándose unas bolitas pequeñas y duras que tienen algunos árboles.

[6] *Lo de…: el tema de, el asunto de…, lo que ha pasado con…:* con *Lo de* la persona que nos escucha entiende que vamos a hablar de una noticia, algo que ha pasado.

superpuesto: puesta una cosa encima de otra.

caña: tallo de algunas plantas con nudos y vacías por dentro.

fijarse: poner atención.

cruz: figura formada por dos líneas que se cortan o atraviesan.

amarrar: asegurar o atar con cuerdas, cadenas…

corriendo: rápida y fácilmente.

resbalar: escurrirse, deslizarse, moverse rápidamente.

pegar: unir una cosa con otra con algún material (pegamento, adhesivo…).

recortar: cortar lo que no se necesita.

sobrar: haber más de lo que se necesita, quedar, restar.

hace falta: es necesario.

cola: parte de atrás de los aviones, pájaros…

tira: trozo largo y estrecho de papel, tela…

nudo: parte más gruesa de algunas plantas, como las cañas.

soplo de viento flojo: golpe de aire muy suave y débil.

flequillo: parte del pelo que cae sobre la frente.

filo: borde.

Pasó por nuestras manos una foto en color donde se veían muchos japoneses, niños y mayores, que echaban a volar sus cometas multicolores en un cielo azul, como **superpuesto**. Debajo de la foto decía lo de que era la moda, pero no me dio tiempo a leerlo, porque yo estaba en tercero y leía muy lento y con el dedo[7].

Ramonchi dijo:

—Mañana os traéis **cañas** y periódicos.

* * *

Al día siguiente cada uno llevó un periódico antiguo y unas tres cañas de más de dos metros cada una.

Ramonchi se subió a la Piedra Everest[8] y dijo:

—**Fijaos** bien. Se coge un trozo de caña, pero que esté cortado así, por la mitad, como si fuera la punta de un barco. Luego se coge otro más pequeño y se hace como una **cruz**. Luego se **amarra**. ¿Entendido?

Todos repetimos lo que había hecho, aunque algunas cruces se deshacían **corriendo** porque la caña chica[9] **resbalaba**.

Ramonchi dijo:

—Ahora ponéis una hoja de periódico encima de la cruz y **pegáis** el papel a las cañas.

—Ya está —dijeron los mayores.

—Bueno, pues ahora **recortáis** el papel que **sobra**. Así[10].

Y cortó con las manos hasta hacer la forma de una cometa.

—¿Ya está? —dije.

—No, so tonto[11]. **Hace falta** la **cola**, porque si no tiene cola, no vuela porque no tiene equilibrio.

—Ah —dijo Rafa—, como los aviones a reacción.

Entonces Ramonchi cogió una hoja y la hizo **tiras**, las amarró y las pegó al pico de abajo.

—Ahora sólo falta ponerle el hilo al **nudo** de las cañas.

Cuando terminamos, nos miramos y un **soplo de viento flojo** corrió entre nosotros levantándonos los **flequillos** y haciendo vibrar los **filos** mal acabados de nuestro escuadrón de cometas.

---

[7] *Leer con el dedo:* cuando los niños son pequeños, todavía no leen muy rápido y, para no perderse en el texto, señalan con el dedo por dónde van. El niño que habla está en tercer curso, tiene siete u ocho años.

[8] *Piedra Everest:* los niños cuando juegan ponen nombres famosos a las rocas, árboles… Aquí han puesto el nombre de Everest a una roca porque seguramente es muy alta.

[9] *Chico:* en Hispanoamérica y algunas zonas de España se usa *chico* como sinónimo de *pequeño*.

[10] *Así: de esta forma:* expresión que usamos para mostrar la forma de hacer algo.

[11] «*So tonto*»: significa *pedazo de tonto, muy, muy tonto.* «So» se puede usar con otros adjetivos para recriminar a una persona o su manera de actuar *(so idiota, so flojo, so cochino…).*

Entonces dijo Ramonchi:

—Yo seré el primero. A ver, tú —y me señaló—. Ven. **Agárrala** mientras corro.

Me subí al Everest. Yo casi nunca había subido al Everest, sólo me **dejaron** el día que le di en la cabeza de una sola **pedrada** a Nicolás el tonto, desde la otra punta de la plaza.

Agarré con cuidado la cometa de Ramonchi. Si se me caía o no la **soltaba** a tiempo podía buscarme una buena [12]. Esperé a que se **tensara** el hilo. El viento estaba mejor. Me daba en la cara y era fresco y sin **rachas**.

Cuando Ramonchi estuvo a unos diez metros gritó:

—Ahora, suelta, suelta.

Y yo solté.

Solté y la cometa cayó como una hoja seca del árbol de los periódicos [13]. El viento se había parado y la cometa fue a romperse contra las piedras del pico del Foso de los Cobardes [14].

Volvimos a intentarlo, pero nada. El viento se había ido y ya no intentamos levantar el vuelo para no romper más cometas.

Nos pasamos el resto de la tarde buscando al viento por las **lomas** altas; incluso se habló a eso de las nueve de irse a los montes, pero alguien dijo:

—Ahí no se puede con tantos pinos.

Luis propuso tirarla desde la **torre** si nos dejaba don Damián. Ramonchi dijo:

—So tonto, las cometas no **planean**, sólo suben, lo que pasa es que el hilo las **aguanta**.

Y así pasamos el resto de la semana, con las colas **enrolladas** en las cometas y el **carrete** de hilo en el bolsillo, corriendo al ver que se movía cualquier papelillo, y luego era que un batallón de **hormigas** se lo llevaba porque estaba **pringoso** de chocolate.

* * *

Era ya la primera semana de julio y todavía no habíamos conseguido volarlas. Rafa la **colgó** del techo de su cuarto y así se conformaba porque parecía que volaba cuando le **soplaba** o cuando se abría o cerraba una puerta.

Las niñas se reían de nosotros cuando nos las encontrábamos por la plaza o en las charcas del río. Estaban contentas porque con la cosa de las cometas no nos **entreteníamos**

agarrar: coger fuertemente.

dejar: permitir, dar permiso.
pedrada: golpe con una piedra lanzada.
soltar: dejar libre lo que estaba sujeto.
tensar: poner en tensión, extender mucho.
racha: golpe de viento fuerte y repetitivo, ráfaga.

lomas: zonas más altas de un terreno.

torre: parte más alta de una iglesia.
planear: descender un avión en el aire sin la acción del motor.
aguantar: sostener, no dejar caer.
enrollada: liada, envuelta una cosa en forma de rollo.
carrete: cilindro que sirve para liar cuerdas o hilos.
hormiga: insecto pequeño de color negro que trabaja mucho.
pringoso: que tiene grasa.
colgar: poner una cosa pendiente de otra sin que toque el suelo.
soplar: echar aire con violencia por la boca alargando los labios un poco abiertos por el centro.
entretenerse: divertirse.

---

[12] *Buscarse una buena: recibir una bronca*: cuando alguien recibe la crítica violenta y verbal de otro por no haber actuado de forma correcta o por haber hecho mal las cosas.

[13] *Hoja seca del árbol de los periódicos:* aquí el autor ha jugado con los dos significados de la palabra *hoja* (hoja del árbol y hoja del periódico): las hojas de los árboles que se caen cuando mueren y las hojas de los periódicos, que es el material que los niños están usando para hacer las cometas.

[14] *Foso de los Cobardes:* lugar donde se mete a las personas que no tienen valor. Éste es un nombre inventado por los niños, no es un lugar real.

abusar de las burlas: usar excesiva e injustamente las palabras o acciones para poner en ridículo a personas o cosas.

enterarse: saber, tener noticia.

conserje: encargado del cuidado, limpieza y llaves de edificios públicos.

tapar: cubrir con algo de modo que impida ver o ser visto.

manejar: usar, utilizar una cosa.

arrancar de cuajo: sacar con violencia una cosa del lugar a que está sujeta.

dejar pelado: dejar sin todo lo que tiene naturalmente.

patio: espacio cerrado pero al aire libre donde juegan los niños en el colegio.

en tirarles porquerías [15], así que tampoco **abusaban** mucho **de las burlas**.

Nuestros padres ni se **enteraban**. Nos veían ir y venir de casa en casa. Les llamaba la atención que viéramos el hombre del tiempo en la televisión [16] y les hizo también gracia que Roberto, el hijo del **conserje** del casino, se metiera una tarde en la sala de lecturas con todos los viejos y se sentara en un sillón con los pies colgando a leer los mapas de un periódico que lo **tapaba** por completo y que no sabía **manejar**.

Y pasó julio.

Y llegó agosto. Esperábamos que el cambio de mes nos trajera el viento. Yo me imaginaba en las noches aburridas que el viento estaba en otra parte del mundo, en Australia, por ejemplo, **arrancando** los árboles **de cuajo**, levantando por los aires a los canguros y tirando a los koalas de los eucaliptos. O en el desierto del Sáhara, **dejándolo pelado** como el cemento del **patio** del colegio.

Y pasó agosto como una siesta [17] muy larga.

Llegó septiembre y algunos volvimos al colegio el día uno para entregar los cuadernos de recuperación [18] y los trabajos del verano. Don Ángel, el de lengua, me dijo:

—¿Qué es lo que pasa con las cometas que todos habéis hecho la redacción del mismo tema?

No se vaya a creer usted [19], señorita Fina, que aquella redacción es la misma que ésta. No. En aquel tiempo yo no sabía escribir muy bien. Sabía muy pocas palabras, muy pocos adjetivos, y las frases que hacía eran muy tontas, de esas con el sujeto delante y lo demás detrás [20], como la cola de las cometas. Yo creo que no eran frases ni nada. Don Juan Carlos, el profe [21] de Geografía, nos contó cosas de las antiborrascas y los ciclones [22], pero no sirvió de nada porque el viento siguió sin venir.

---

[15] *Porquerías:* aquí tiene el significado de cosas asquerosas o desagradables, por ejemplo, ratas. Pero la palabra también se usa como sustantivo genérico de *caramelos, bombones, chicles...,* todas las cosas que les gustan a los niños.

[16] *El hombre del tiempo en la televisión:* coloquialmente llamamos así a la persona que da la información del tiempo. *Vamos a ver al hombre del tiempo* (en vez de *la información del tiempo*).

[17] *Siesta* es el tiempo que se duerme después del almuerzo. Es algo típico en los países donde hace mucho calor.

[18] *Cuadernos de recuperación:* si los niños no han trabajado mucho durante el curso, durante el verano deben hacer unas tareas especiales (en cuadernos especiales) para poder pasar a otro curso o nivel.

[19] *No vaya usted a creer: no piense usted.* Expresión más coloquial que da más fuerza a la frase.

[20] El niño utiliza palabras gramaticales (técnicas) porque está hablando con la profesora, por ejemplo: *adjetivos, frase, sujeto.*

[21] «*Profe*» es profesor. Los niños en su vocabulario usan con frecuencia las reducciones de palabras. Por ejemplo, de profesor > «profe», de Matemáticas > «Mate», de señorita > «seño»...

[22] *Antiborrascas y ciclones:* estas palabras están mal dichas: quiere decir *anticiclones* (presión alta en la atmósfera) y *borrasca* (baja presión). Estas confusiones son muy típicas en los niños cuando aprenden términos técnicos.

Estábamos a catorce de septiembre y no habíamos podido volar las cometas. Casi todos les habíamos puesto nombre. La mía se llamaba *Bon Jovi*, como el cantante. Esas dos cañas cruzadas se habían convertido en nuestros amigos **mudos** y **paralíticos** a los que había que cuidar, sacar de paseo y ponerle fixo[23] en los agujeros...

El primer día de colegio salimos temprano y nos fuimos a las piedras. Ramonchi dijo:

—Vamos a por las cometas[24].

—Pero si no hace viento —dijo Rafa.

—No importa. Es para **quemarlas**.

Al rato estábamos de vuelta.

—¿Quién ha traído **mixtos**? —preguntó Ramonchi.

—Yo —dije.

Subí a la piedra Everest y saqué la **cajilla**. Encendí uno, pero se apagó. Encendí otro y volvió a apagarse. Estábamos tan tristes, tan como atontados, tan acostumbrados, que no nos **dimos cuenta** de lo que pasaba hasta que yo tiré el tercer mixto apagado. Un viento suave salía por detrás de los montes y movía las ramas del eucalipto y levantaba la hierba seca del verano y luego ya nos movió los flequillos y los bordes mal cortados de las cometas, que hacían un ruido como de motores preparados.

Y dijo Ramonchi:

—¡El viento! ¡Es el viento!

Y salió **pendiente** abajo.

Yo le solté la cometa, que subió rápido como un **cohete**. Y luego corrí yo y otro me la sostuvo a mí y luego otro se la sostuvo al que me la sostuvo y así el cielo se llenó de la **escuadrilla** de cometas más valiente y fea del mundo.

Estuvimos quietos un rato, mirándolas en el cielo, que no era tan azul como el de la foto de los japoneses de principio del verano, porque unas nubes lejanas y blancas estaban **asomando** por encima de la **sierra**. Después de unos minutos Ramonchi empezó a correr, se **alejó** y nos **rodeó** por detrás. Entonces su cometa se cruzó en otra dirección por encima de las nuestras. Luego Rafa hizo lo mismo y luego yo y luego otros, hasta que los hilos empezaron a liarse y las cometas a caer **en remolinos** estúpidos hasta el suelo, como los pájaros cuando les dan un **tiro**.

Se rompieron casi todas.

Nos peleamos hasta la noche, hasta que vinieron las niñas y se subieron al Everest. Se reían **a carcajadas** y decían:

—Ramonchi, que dice tu madre que vayas, que tienes que comer para acostarte.

mudo: que no puede hablar.
paralítico: que no puede andar o moverse.

quemar: destruir con fuego.

mixto: cerilla, pequeña madera que se usa para encender fuego, fósforo.
cajilla: caja pequeña, donde se meten los mixtos o cerillas.

darse cuenta: notar, advertir.

pendiente: cuesta, inclinación del suelo.
cohete: objeto que se mueve en el espacio.

escuadrilla: grupo de cometas que imita a los aviones en formación.

asomar: empezar a mostrarse.
sierra: serie de montañas.
alejarse: irse más lejos, distanciarse.
rodear: andar alrededor.

en remolinos: dando vueltas, con movimientos giratorios y rápidos.
tiro: disparo hecho con un arma de fuego.
a carcajadas: con risas estrepitosas y ruidosas.

---

[23] *«Fixo»* es una marca de cinta adhesiva, igual que *«tesafilm»*. Es muy frecuente usar la marca de un producto como nombre común.

[24] *Vamos a por las cometas*: Coloquialmente se usan estas dos preposiciones tras el verbo *ir*. Pero no es correcto. Sólo hay que utilizar *por*.

Volvimos dejando el campo sembrado de cruces de papel.

Al día siguiente regresamos tristes al colegio y cada uno fue a una clase distinta con maestros nuevos. A algunos **les fue mal**, a otros bien; a casi todos, regular.

Y es que la vida, señorita, es como aquel vuelo de cometas que estuvimos esperando todo el verano y que luego resultó ser un desastre o una **maraña**.

ir algo mal: funcionar mal, no tener éxito.

maraña: lío, conjunto de hilos gruesos liados.

1. En el cuento que has leído los niños fabrican sus propios juguetes con los materiales y las cosas viejas que tienen en casa. Ésta era, en otra época, una costumbre de muchos niños españoles.

Ramonchi, el jefe de la banda, os explica cómo se hace su juguete favorito: la cometa:

> «*Se coge un trozo de caña, pero que esté cortado por la mitad, como si fuera un barco o una cuna. Luego se coge otra más pequeña y se hace como una cruz. Luego se amarra.*»

A Vamos a ayudar a los chicos a hacer algunos juguetes más. Explica a tus compañeros cómo harías y usarías estos tres juguetes con los elementos que tienes en cada una de las fichas. También te damos un ejemplo de la explicación que un niño da del escondite:

COCHE — cuerda — ruedas de un pequeño coche viejo de juguete — cartulinas de colores	
BARCO DE VELA — cartón triangular (para la vela) — cinta adhesiva o pegamento — esponja de baño — palo de madera	
TELÉFONO — dos botes de yogur vacíos. — hilo de pescar	

ESCONDITE

El jugador tiene que intentar encontrar a todos sus compañeros que estarán escondidos en un lugar secreto. Después de contar hasta veinte, puede empezar a buscarlos. Cuando crea que ha visto a alguien tiene que decir: *un, dos, tres, escondite inglés...* y el lugar donde está su compañero; así hasta que los haya encontrado a todos.

B El escondite es un juego muy popular que tiene variantes según las zonas.

- ¿Se juega igual en tu país?
- ¿Hay otros juegos similares? ¿Cuáles son y cómo se juegan?
- ¿Había juegos para la calle y juegos para la casa cuando tú eras pequeño?

- ¿Se hacían tus padres y abuelos sus propios juguetes, como hemos hecho nosotros? Recuerda cuáles eran y coméntalos con tus compañeros.

2. En «La tarde que volamos las cometas» se reflejan dos mundos bien distintos: el mundo de los adultos y el de los chicos de la banda.

A Vuelve a leer el cuento y recoge las siguientes informaciones sobre cada uno de los grupos:

	MUNDO DE LOS CHICOS	MUNDO DE LOS ADULTOS
Personajes	Ramonchi	Maestros
Actividades que realizan	Volar cometas	Dar clase
Lugares	Escuela	Casa
Características de los personajes	Alegres	Trabajadores

B Y ahora tú. Piensa en tus años de infancia y completa el cuadro con las informaciones que se piden acerca de los recuerdos de aquella época. Puedes añadir otros aspectos o elementos que te parezcan interesantes:

	MIS RECUERDOS DE INFANCIA
Actividades	
Lugares	
Amigos	
Historias o hechos divertidos que te ocurrieron	
Recuerdos de la escuela	

3. El autor del cuento narra las aventuras de las cometas usando un lenguaje sencillo y claro, muy similar al que usan los niños en sus redacciones escolares. Con este recurso literario consigue que la historia sea más creíble.

A Aquí tienes las características más importantes del estilo y el lenguaje del cuento. Busca en el texto varios ejemplos para cada una de ellas:

CARACTERÍSTICAS	EJEMPLOS
1. Palabras o expresiones propias del lenguaje infantil o juvenil.	• *El «profe».* •
2. Repeticiones de sustantivos, adjetivos, verbos…	• *Hace falta la **cola**, porque si no tiene **cola**…* •
3. Frases cortas.	• *El colegio se había acabado. A mí me habían dado las notas. No eran malas, pero tampoco buenas.* •
4. Repetición de la conjunción *y*.	• *Entonces Ramonchi cogió una hoja **y** la hizo tiras, las amarró **y** las pegó…* •
5. Uso abundante del diálogo.	• *Dijo Ramonchi: —Yo seré el primero.* • *Alguien dijo: —Ahí no se puede.* •
6. Comparaciones ingeniosas y divertidas.	• *… dejándolo pelado como el cemento del patio del colegio.* •

B Explica lo siguiente usando las características del lenguaje de los niños:

— el pijama	*Es una cosa que duerme contigo todas las noches. Y es el uniforme de los sueños.* (Comparación ingeniosa).
— el ordenador	
— el banco	
— enfadarse con los hijos	
— trabajar	

4. Debate:

A ¿*Verano = aburrimiento*? Son muchas las personas que identifican esta época del año con el aburrimiento. La falta de una rutina (el trabajo, el colegio, la casa...) hace que no sepan qué hacer, en qué emplear el tiempo durante ese período de descanso. Vamos a discutir sobre el tema tras leer las siguientes opiniones:

Alicia, quince años	**Ramonchi, nueve años**	**Luis, treinta y dos años**
A mí me encanta el verano. No puedo decir que me aburra porque puedo hacer todo lo que no hago en invierno: salir con mis amigas, ir a discotecas, a la playa...	*El verano es la mejor época del año. Me voy con mis amigos al monte y juego a todo lo que quiero... Además, no tengo que ir al «cole» y eso es fantástico.*	*No me gusta mucho el verano. Soy una persona muy activa y aunque al principio necesito descansar un poco, cuando pasa un mes ya estoy deseando volver al colegio y dar mis clases.*

B Entre todos vamos a reflexionar sobre las últimas frases del texto:

> «*A algunos les fue mal, a otros bien; a casi todos regular. Y es que la vida, señorita, es como aquel vuelo de cometas que estuvimos esperando todo el verano y que luego resultó ser un desastre o una maraña.*»

Pensad individualmente qué os sugieren esas reflexiones del narrador. Después comparad vuestras opiniones.

- *¿Qué significa la comparación final?*
- *¿Estás de acuerdo con el narrador?*
- *Pon ejemplos cercanos a ti (familia, amigos, compañeros de trabajo, conocidos) para justificar la respuesta.*

SOLUCIONARIO

	«La guerra de los yacarés»	
	A	*En Brasil* (al norte, entre los dos ríos señalados en el mapa: Amazonas y Negro): Parque Nacional Jaui; *animales:* jaguar, nutria, uguti y capibara. *En Brasil* (en el centro, la zona norte del río Paraná): el Gran Pantanal; *animales:* yacaré, papagayo, garza, piramboia, pacú, piraña, jaguar, ciervo, tuiuiu. *En Uruguay:* el árbol canelón. *En Argentina:* 1. Parque Lenin; *animales:* pehuén, colohué, raulí; *plantas:* pino, haya. 2. Parque Nahuel Huapi; *animales:* pudu, huemul, trucha, salmón. 3. Parque Bahía Blanca; *animales:* cisne, ganso, gaviota, flamenco. 4. Parque de los Glaciares y Parque de Perito Moreno; *animales:* guamaco.
	B	De realización libre.
	C	**Falso:** hay zonas glaciares; **Falso:** es el primero; **Verdadero:** es el Parque del Gran Pantanal; **Verdadero:** en el Parque Nahuel Huapi existen dos especies extrañas de ciervos: el pudú y el huemul; **Falso:** hay yacarés en Brasil; **Falso:** se une al río Paraguay durante una parte del recorrido y sirve de frontera entre Paraguay y Argentina; **Falso:** hay salmones en el Parque Nahuel Huapi, en Argentina; **Falso:** tiene inviernos secos y veranos lluviosos; **Falso:** es también un árbol típico de Uruguay; **Falso:** la mayoría de su recorrido no está explotada económicamente y todavía es virgen.
		De realización libre.
	A 	El ñandú: — Nos podemos comer su carne y sus huevos. — No es peligroso para el ser humano. — Vive en grandes prados. — Se alimenta de insectos cuando es joven. El ocelote: — Es similar a un gato. — Caza por la noche. — Pueden comer monos, ratas, conejos, etcétera. — Corre muy rápido. El tapir: — Tiene muy desarrollado el olfato. — Su comida preferida es la fruta. — Tiene que vivir cerca del agua. — Pesa entre 225 y 300 kilos. El pecarí: — Pertenece a la especie de los cerdos salvajes. — Pesa entre 14 y 40 kilos. — Come raíces. — Mide unos 44 centímetros.
	A	Mundo de la naturaleza: yacarés, pescados, arena, orilla, río, ballena, nubecita, bichos, agua... Mundo de los hombres: vapor, ruido, dique, ruedas, humo, bote, acorazado, cañón, oficiales...
	B	De realización libre, siguiendo las indicaciones.

«La lluvia»
1. **A** De realización libre. Ofrecemos algunos ejemplos: — El mar: Un hombre estaba bañándose en una gran bañera. Cuando terminó de bañarse, se le olvidó cerrar el grifo y quitar el tapón. Como consecuencia, la bañera se llenó y se salió y se hizo muy grande. Así se creó el mar. — La luna y las estrellas: Había una vez una niña que tenía mucho miedo a la oscuridad. Una noche en que su madre estaba muy enferma, la niña debía salir a avisar al médico, porque en su casa no tenían teléfono. La niña estaba asustada, pero salió. Los pájaros que estaban en el cielo decidieron ayudarla y encendieron muchas velas para iluminarla. Una de ellas era muy grande y tenía diferentes formas. Las otras eran más pequeñas y… — Había una vez una montaña a la que le gustaban mucho los chistes. Le encantaba reírse. Un día, uno de los árboles que vivía sobre ella le contó un chiste muy, muy gracioso. La montaña empezó a reírse mucho y no podía parar. Tanto rió que empezó a llorar. Como era muy grande, salía gran cantidad de agua. Así surgieron los ríos. — Una vez los habitantes del cielo tenían tanto frío que decidieron comprar una calefacción. Como no sabían utilizarla muy bien, la pusieron demasiado alta y todas las nubes se volvieron rojas. Desde ese momento, cuando veáis el cielo rojo, pensad que han encendido la calefacción otra vez porque hace mucho, mucho frío. **B** De realización libre. **C** Como sugerencias proponemos algunos fenómenos o hechos extraños para que se hagan titulares: la caída de un meteorito, los agujeros negros, un alineamiento de planetas, una estrella fugaz.
2. De realización libre.
3. Debate libre. Se pueden establecer equipos que defiendan la vida en uno u otro ambiente.

«El secreto del lago»
1. **A** Texto 1: puede ser considerado avaro y tacaño. Tacaño porque no quiere darle nada al niño. Avaro porque parece que quiere guardar la comida como un tesoro, cuando la comida es para comerla. Texto 2: es tacaño porque le daba al niño una cebolla para cuatro días. También es avaro porque esconde la comida. Texto 3: es tacaño porque él se come lo mejor y da las sobras a los demás. Texto 4: es avaro porque quiere usar y conservar la cama como un tesoro. Texto 5: tacaño porque da lo que le sobra a los demás, pero lo que da no tiene ningún alimento. **B** De realización libre. **C** De realización libre.
2. **A** De realización libre. **B** De realización libre. Proponemos algunos ejemplos: 1) El médico puede caer enfermo y encontrar a un médico igual; 2) El hombre se pierde en la selva y los animales lo matan y le quitan la piel; 3) El hombre se queda ciego y no recibe ayuda de los demás por lo avaro que fue.

«El último mono»

 1.

 A Manolito; Rosita; Nicolasito; Joselito; Paquito.

B De realización libre, siguiendo las preguntas de la encuesta.

 2.

A Puede haber más de una respuesta. Proponemos algunas y señalamos en negrilla la que es la verdadera en los motes auténticos que hemos propuesto:

— El Manazas: **porque tiene las manos grandes;** porque todo lo que hace lo hace mal; porque rompe muchas cosas…

— El Conejo: porque tiene las orejas como los conejos; **porque tiene los dos dientes delanteros grandes, como los conejos;** porque le gustan mucho las zanahorias…

— Zapatos grandes: porque tiene los pies grandes; **porque cuando era pequeño su padre le compraba siempre los zapatos de un número más grande para que le duraran más tiempo…**

— Los Morenos: porque todos son muy morenos de piel; **porque uno de los miembros de la familia es muy moreno…**

— Los Alemanes: porque tienen origen extranjero; porque están trabajando en Alemania; **porque todos son muy rubios…**

B Cristóbal Colón: el Descubridor; Alfonso X: el Sabio; Celia Cruz: la Reina de la Salsa; Maradona: el Pelusa; Simón Bolívar: el Libertador.

C De realización libre.

 3.

 **A**

Expresiones	Oficina	Bar	Comida	Calle
Mola un pegote	No	Sí	No	No
Tío	No/sí	Sí	No	No
Con pelos y señales	Sí	Sí	Sí	Sí
Gafas de culo de vaso	No	Sí	No	No
Ser un rollo	No	Sí	No/sí	No
Ser un chulo	No	Sí	No	No

B En la oficina:

— *Perdón, quiero decir* **que está muy bien.**

— *Quiero decir que hay* **un señor/hombre que es un poco orgulloso.**

— *Quería decir que ahora se lo cuento* **con detalles/detalladamente.**

En una cena formal:

— *Quiero decir que tus gafas eran* **un poco gruesas.**

En el colegio con amigos:

— *Quiero decir que* **ha sido un rollo.**

— *¿Quién es ese* **tío?**

— *Tiene gafas de* **culo de vaso.**

4.

A De realización libre.

B De realización libre.

«La tarde que volamos las cometas»	

1. **A** De realización libre. Añadimos un ejemplo:

— Teléfono: Primero tienes que comerte dos yogures. Cuando termines, lavas los vasos y los secas muy bien. Haces un agujero pequeño en la base de cada vaso, para que puedas meter después el hilo de pescar. Introduces el hilo por ambos vasos. El hilo puede ser muy largo, dependiendo de dónde quieras poner los dos auriculares, que son los vasos. Das uno de los auriculares a un amigo y le dices que se vaya a otra habitación, pero nunca debe soltar el vaso ni dejar que el hilo se salga. Tú te pones en otra habitación y empezáis a hablar.

B De realización libre.

2. **A** Mundo de los niños:

— Personajes: los chicos de la banda (Rafa, Alejandro, Ramonchi…), las niñas.
— Actividades: largas excursiones a las pozas, guerras de chorlitos, tirar ratones a las niñas, leer *cómics*, ver la tele, ir al colegio, hacer redacciones.
— Lugares: el pueblo, el Eucalipto Grande, la piedra Everest, el Foso de los Cobardes.
— Características: divertidos, les gusta jugar, no les gusta estar en casa, no estudian mucho.

Mundo de los adultos:

— Personajes: los padres, don Ángel, la señorita Fina, don Juan Carlos.
— Actividades: trabajar, ver la tele, corregir los cuadernos de trabajo y las redacciones…
— Lugares: la escuela, la casa, el lugar de trabajo, el casino, la sala de lecturas, ….
— Características: ver la tele, trabajar, leer periódicos.

B De realización libre.

3. **A** — Palabras o expresiones: *«el profe»*, *«hacemos el desayuno y todo eso»*, *«buscarme una buena»*, *«estaban contentas con la cosa de las cometas»*, *«estábamos tan tristes, tan como atontados»*…
— Repeticiones: *«el viento, el viento»*, *«hace falta la cola porque si no tiene cola…»*, *«suelta, suelta»*, *«sabía muy pocas (…) y muy pocos adjetivos»*, *«luego Rafa hizo lo mismo, y luego yo y luego otros»*…
— Frases cortas: *«El colegio se había acabado»*, *«Y pasó julio»*, *«Subí a la Piedra Everest y saqué la cajilla»*…
— Repetición de y: *«y hacemos los desayunos y todo eso»*, *«y así pasamos el resto de la semana (…) y el carrete de hilo en el bolsillo»*, *«y dijo Ramonchi (…) y salió pendiente abajo»*, *«y luego corrí yo (…) y otro me la sostuvo a mí y luego otro (…) y así»*…
— Diálogo: *«Ramonchi dijo: …»*, *«Ya está —dijeron los mayores»*…
— Comparaciones ingeniosas: *«que esté cortado por la mitad, como si fuera un barco o una cuna»*, *«se hace como una cruz»*, *«dejándolo pelado como el cemento del patio del colegio»*, *«subió rápido como un cohete»*, *«la vida es como aquel vuelo de cometas»*…

B De realización libre. Proponemos algunos ejemplos: *el ordenador es una tele que no cambia de canal; el banco es una casa con mucho dinero y hombres bien vestidos; enfadarse con los hijos es lo que hacen nuestros padres cuarenta veces al día; trabajar es algo típico de mayores.*

4. De realización libre.

VOCABULARIO
ORDEN ALFABÉTICO
(español, inglés, francés y alemán)

Abreviaturas de los nombres de los cuentos que aparecen en el vocabulario:

— «La guerra de los yacarés»: *G.Y.*
— «La lluvia»: *LL.*
— «El secreto del lago»: *S.L.*
— «El último mono»: *U.M.*
— «La tarde que volamos las cometas»: *T.C.*

PALABRA O EXPRESIÓN	CUENTO	INGLÉS	FRANCÉS	ALEMÁN
A				
a ambos lados	G.Y.	on both sides of	des deux côtés	auf beiden Seiten
a carcajadas	T.C.	laughing heartly	aux éclats	schallend, aus vollem Hals
a flor de agua	G.Y.	at water level, close to the surface	à fleur d'eau	an die Wasseroberfläche
a lo mejor	U.M.	maybe	peut-être	vielleicht
a patadas	U.M.	kicks, kicking (here) a kicking fight	en se donnant des coups de pied	lautstark
abandonar	LL.	to leave, to abandon, to go away	quitter	verlassen
abismo	S.L.	abyss, large gap	abîme	Abgrund
abrochar	G.Y.	to fasten, to do up	agrafer, attacher	(zu)schnallen
abusar de las burlas	T.C.	to go too far when making fun of somebody	abuser des blagues	die Späße übertreiben
acercarse	U.M.	to come near, close to	s'approcher	sich nähern
acorazado	G.Y.	battleship	cuirassé	Panzerschiff
acostumbrarse	G.Y.	to get used to	s'habituer	sich gewöhnen
adelantarse	G.Y.	to get ahead of	avancer	vorausgehen, sich erkühnen
afilado	S.L.	sharp	aiguisé	scharf
agarrar	T.C.	to grab hold of	attraper	festhalten
aguantar	U.M./T.C.	to put up with/to take the strain	supporter/soutenir	aushalten, ertragen/(fest)halten
agujero	G.Y.	hole	trou	Loch
ahogado	LL.	drowned	noyé	ertrunken
ahorcarse	S.L.	to hang oneself	se pendre	sich erhängen
al otro día	G.Y.	the next day, the following day	le lendemain	am nächsten Tag
alarmado	G.Y.	alarmed	alarmé, effrayé	erschrocken
albergue	S.L.	sheller, refuge, lodging	auberge	Herberge
alejarse	T.C.	to go away from	s'éloigner	sich entfernen
alojarse	S.L.	to lodge, to stay (in a hotel or inn)	loger	absteigen, übernachten
aleta	G.Y.	fin (on a fish)	nageoire	Flosse
amarrar	T.C.	to moor (a ship or boat)	attacher	festbinden
anciano	LL.	old man, elderly man	personne âgée	Greis
anteojos	G.Y.	glasses, spectacles	jumelles	Fernglas
apenas	G.Y.	hardly	à peine	kaum
aposta	U.M.	on purpose	exprès	absichtlich
arrancar de cuajo	T.C.	to uproot, to pull out by the roots	déraciner	mit den Wurzeln ausreißen
arrojar	S.L.	to throw, to hurl	jeter	werfen
asomar	G.Y.	to put or to stick out (head)	monter	hervorstecken, herausstecken
aparecer	T.C.	to appear	apparaître	erscheinen
astillas	G.Y.	splinters (smashed into) little pieces	éclats (de bois)	Splitter
atar	G.Y.	to tie up, together	attacher	aneinanderbinden
atravesada	G.Y.	stuck in/across the middle of	en travers	querliegend
atreverse	G.Y.	to dare	oser	wagen

PALABRA O EXPRESIÓN	CUENTO	INGLÉS	FRANCÉS	ALEMÁN
B				
bala de cañón	G.Y.	cannonball	boulet de canon	Kanonenkugel
ballena	G.Y.	whale	baleine	Wal
banda	T.C.	gang, group of children or youths	bande	Clique
barrio	U.M.	neighbourhood	quartier	Stadtviertel
bien + adjetivo	G.Y.	very + adjective	très	sehr
bolsillo	T.C.	pocket	poche	Hosentasche
boquete	G.Y.	opening, breach, hole	brèche	Durchbruch
borrar	S.L.	to rub out, ro wipe out	effacer	verwischen
bosque	G.Y.	woods, forest	bois, forêt	Wald
bote	G.Y.	small boat	canot	Beiboot
bujía	S.L.	candle	bougie	Kerze
buque	G.Y.	ship	bateau	Wald
burlarse	G.Y.	to make fun of, to laugh at	se moquer	sich lustig machen
C				
cajilla	T.C.	little box	petite boîte	kleine Schachtel
callar	G.Y.	to shut up, to make somebody be quiet	taire	schweigen
caña	T.C.	stem, stalk, stick	tige	Schilfrohr
cañón	G.Y.	canon	canon	Kanone
cárcel	U.M.	prision	prison	Gefängnis
cariñosamente	G.Y.	affectionately	chaleureusement	freundlich
carrete	T.C.	reel, bobbin, spool	bobine	Spule
certeza	S.L.	certainly	certitude	Gewißheit
cesar	S.L.	to stop something, to cease doing something	cesser	aufhören
cifras fabulosas	S.L.	incredible, amazing amount	montant fabuleux	enorme Summen
cirujano	U.M.	surgeon	chirurgien	Chirurg
clavar	G.Y. S.L.	to nail, to stick something into something	clouer enfoncer	einrammen
cochino	U.M.	pig	cochon	Schwein
cohete	T.C.	rocket	fusée	Rakete
cola	G.Y./T.C.	tail	queue	Schwanz, Schweif
colgar	T.C.	to hang	pendre	(auf)hängen
combate	G.Y.	combat, battle	combat	Kampf
complacido	S.L.	pleased, satisfied	avec plaisir, aimable	freundlich
con todas sus letras	U.M.	spelt out clearly	en toutes lettres	buchstäblich
consejo	G.Y.	advice, counsel	conseil	Rat
conserje	T.C.	porter, doorman, caretaker	concierge	Pförtner
corriendo	T.C.	running	facilement et rapidement	sofort
corriente	G.Y.	current (of a river)	courant	Strömung

PALABRA O EXPRESIÓN	CUENTO	INGLÉS	FRANCÉS	ALEMÁN
cosido	S.L.	sewn	cousu	(zu)genäht
costado	G.Y.	at the side of	côté	Seite
crucial	U.M.	crucial, very important	crucial	wichtig, bedeutend
cruz	T.C.	cross	croix	Kreuz
cuadra	S.L.	stable	écurie	Stall
culpable	U.M.	the person to blame, at fault	coupable	schuldig
cuna	U.M.	cradle	berceau	Wiege, Kinderbett
curar	U.M.	to cure, to make somebody better	soigner	heilen
chocar	G.Y.	to crash into	choquer	(zusammen)stoßen
D				
dar pistas	U.M.	to give clues	mettre sur la (bonne) piste	Hinweise geben
dar vergüenza	U.M.	to (cause somebody to) feel ashamed	faire honte	sich schämen
darse cuenta de	G.Y./T.C.	to realise/to realise	se rendre compte de	nachvollziehen/bemerken
de golpe	G.Y.	suddenly	tout à coup	plötzlich
de mal humor	G.Y.	in a bad mood	de mauvaise humeur	verärgert, schlecht gelaunt
de nuevo	G.Y.	again	de nouveau	erneut, wieder
de un salto	G.Y.	in one leap, jump	sauter	mit einem Sprung
de vez en cuando	LL./U.M.	from time to time	de temps en temps	manchmal
dejar	T.C.	to leave	laisser	erlauben, lassen
dejar pelado	T.C.	leaving something bare	laisser dénudé	verödet zurücklassen
desbordarse	LL.	to overflow	déborder	überlaufen, austreten
deshacer	G.Y.	to undo	détruire	zerstören
desierto	G.Y.	desert	désert	öde, unbewohnt
destapado	LL.	with the lid or cover off	découvert	offen, aufgedeckt
detenerse	G.Y.	to stop	s'arrêter	anhalten
detenido	S.L.	arrested	arrêté	festgenommen
determinar apoderarse	S.L.	to decide to make something yours	décider de s'emparer	beschließen, sich bemächtigen
dinosaurio velociraptor	U.M.	a predatory flying dinosaur	velocirapteur	Ilugdinosaurier
dique	G.Y.	dam	digue	Damm
divulgar	S.L.	to make something public, to spread the news	répondre	verbreiten
E				
echar a pique	G.Y.	to (make something) sink	couler	versenken, zerstören
echarse a	G.Y.	to start to do something	se mettre à	beginnen
echarse encima	S.L.	to jump on top of	tomber	einbrechen
empeñarse	U.M.	to insist, to be determined to get something	s'obstiner	unbedingt wollen

PALABRA O EXPRESIÓN	CUENTO	INGLÉS	FRANCÉS	ALEMÁN
emprender la marcha	G.Y.	to set off (on a march)	partir, entreprendre la marche	sich auf den Weg machen
empujar	G.Y.	to push	pousser	schieben, stoßen, drücken
en ese instante	G.Y.	at that moment	à cet instant	in diesem Augenblick
en remolinos	T.C.	in a whirl, whirling around	en tourbillons	in Wirbelbewegungen
en seguida	G.Y.	straight away	tout de suite	sofort
en su propia casa	U.M.	in one's own home	dans sa propre maison	in seinen eigenen vier Wänden
en voz baja	G.Y.	in a low voice	à voix basse	leise
encoger	U.M.	to shrug one's shoulders	rétrécir	(zusammen)schrumpfen, kleiner werden
engañar	G.Y.	to cheat, to deceive	tromper	täuschen
enojado	G.Y.	cross, angry, annoyed	fâché	verärgert
enredado	G.Y.	tangled up	emmêlé	verstrickt, verwickelt
enrollada	T.C.	twisted up	enroulée	zusammengerollt
enterarse	T.C.	to find out, to get to know something	se rendre compte, savoir	wissen, erfahren
entrañas	S.L.	the innermost part of something (literally the guts)	entrailles	Inneres, Zentrum
entretanto	G.Y.	meanwhile	entre-temps	unterdessen
entretenerse	T.C.	ro entertain or amuse oneself	s'amuser	sich vergnügen, sich unterhalten
escuadrilla	T.C.	squadron	escadrille	Staffel
espantar	G.Y.	to scare, to frighten (off)	effrayer	erschrecken
está visto que	U.M.	it is plain to see that	il est évident que	es ist klar
estallar	U.M.	to explode	exploser	(zer)platzen, explodieren
estampido	G.Y.	explosion, boom	dénotation	Knall
estar alerta	G.Y.	to be alert	être attentif	auf der Hut sein
estorbar	G.Y.	to get in the way, to obstruct	gêner	stören
estrenar	U.M.	to wear something for the first time	étrenner	zum ersten Mal tragen, einweihen
eucalipto	T.C.	eucalyptus	eucalyptus	Eukalyptus
extraviado	S.L.	lost, mislaid	égaré	verirrt
F				
fijarse	T.C.	to notice, to pay attention to something	prêter attention	aufpassen
filo	T.C.	edge	fil tranchant	Rand
flaco	G.Y.	skinny	maigre	dürr
flequillo	T.C.	fringe	frange	Stirnhaare
flotar	G.Y.	to float	flotter	treiben
fondo	S.L.	bottom, bed (of a river, a lake or the sea)	fond	Grund
G				
galones	G.Y.	stripes (denoting military rank)	galons	Litze(n)
garza	LL.	heron	héron	Fischreiher

PALABRA O EXPRESIÓN	CUENTO	INGLÉS	FRANCÉS	ALEMÁN
goma	T.C.	rubber, eraser	gomme	Radiergummi
grabada	S.L.	engraved	gravée	eingeritzt, graviert
granada	G.Y.	grenade	grenade	Granate
gritar	G.Y.	to shout, to cry	crier	schreien
gruta	G.Y.	cavern, grotto	grotte	Höhle
guardar	S.L.	to keep (a secret)	garder	hüten
H				
hace falta	T.C.	it is necessary to, one has to	il faut	es ist nötig, man braucht
hacer burlas	G.Y.	to make fun of	se moquer	auslachen
hallar	S.L.	to find	trouver	finden
harto	T.C.	fed up	fatigué	überdrüssig, müde
heredero	U.M.	heir	héritier	Erbe
herido	G.Y.	wounded	blessé	verletzt
hoja	S.L.	blade	lame	Klinge
hormiga	T.C.	ant	fourmi	Ameise
hucha	U.M.	piggy bank	tirelire	Sparkasse
huella	S.L.	mark, finger print, footprint (the signs of a crime)	trace	Spur
hundirse	G.Y.	to sink	plonger	untertauchen, untergehen
I				
ignorante	G.Y.	ignorant	ignorant	unwissend
imbécil	U.M.	imbecile, idiot	imbécile	der Dumme
impedir	G.Y.	to impede	empêcher	hindern
imponente tormenta	S.L.	tremendous storm	tempête impressionnante	Gewitterregen, Sturm
infinidad de	G.Y.	an endless number of	une infinité de	unendlich
inmensa	G.Y.	immense	immense	riesig, enorm
inquietarse	S.L.	to get worried anxious	s'inquiéter	sich beunruhigen
inquietud	G.Y.	worry, anxiety	inquiétude	Beunruhigung, Besorgnis
insultar	U.M.	to insult	insulter	beschimpfen
intrincado	S.L.	dense, impenetrable	touffu, inextricable	dicht, unwegsam
investigadora	U.M.	researcher	chercheuse	Forscherin
ir algo mal	T.C.	to go badly (a situation)	aller mal	schlecht ergehen
L				
lanzarse	G.Y.	to jump, to leap	se lancer	(sich) stürzen
largar	G.Y.	to let out, to release, to give off	dégager	ablassen
lecho	S.L.	bed	lit	Bett
liana	G.Y.	liana	liane	Liane

PALABRA O EXPRESIÓN	CUENTO	INGLÉS	FRANCÉS	ALEMÁN
ligero	G.Y.	light	vite	hurtig, flink
loco de contento	G.Y.	mad with delight	fou de joie	verrückt vor Freude
lomas	T.C.	hillocks, low ridges	coteaux	Anhöhen
lomo	G.Y.	back, lower part of the back	échine, dos	Rücken
lumbre	S.L.	fire	feu	Feuer
LL				
llanto	U.M.	crying, tears	pleur	Jammer
llorar	U.M.	to cry	pleurer	weinen
M				
manejar	T.C.	to handle, to use something properly	manier	handhaben
maraña	T.C.	tangle, confusion	pagaille	Durcheinander
me fastidia	U.M.	it annoys me, it bothers me	ça m'ennuie	es ärgert mich
merecer	U.M./G.Y.	to deserve	mériter	verdienen
mirilla	S.L.	peephole, spyhole	judas	Spion, Guckloch
mixto	T.C.	matches, firelighters	allumette	Streichholz
muda (la tele)	U.M.	silent (films, television)	muette	ohne Ton
mudo	T.C.	mute, dumb, silent	muet	stumm
N				
navegar	G.Y.	to navigate, to sail	naviguer	fahren (mit dem Schiff)
no darse cuenta	U.M.	not to realise	ne pas se rendre compte	etwas nicht bemerken, nicht absichtlich tun
nuca	U.M.	nape (of the neck)	nuque	Genick
nudo	T.C.	knot	noeud	Knoten
O				
oficial	G.Y.	officer	officier	Offizier
organizar	G.Y.	to organise	organiser	vorbereiten
orgullo	G.Y.	pride	orgueil	Stolz
orígenes de la humanidad	U.M.	the origins of humanity, the human race	origines de l'humanité	Ursprung der Menschheit
orilla	G.Y.	shore	bord	Ufer
oscurecer	G.Y.	to get dark	obscurcir	verdunkeln
P				
paraje	G.Y.	place, spot	endroit	Platz
paralítico	T.C.	paralytic	paralytique	gelähmt
pasársele algo por la cabeza	T.C.	to think of something, to hace an idea	(lui) passer par la tête	etwas einfallen, eine Idee haben
pata	G.Y.	paw, foot of an animal	patte	Klaue
patio	T.C.	schoolyard	cour	Hof
pedrada	T.C.	throw, blow of a stone	coup de pierre	Steinwurf

PALABRA O EXPRESIÓN	CUENTO	INGLÉS	FRANCÉS	ALEMÁN
pegar	U.M.	to give a slap, to beat, to hit	frapper	schlagen, prügeln
pegar	T.C.	to stick	coller	(an)kleben
pendiente	T.C.	slope	pente	Abhang
pensión	U.M.	pension	pension	Rente
percibir	S.L.	to notice	percevoir	vernehmen, hören
pérdida de tiempo	U.M.	waste of time	perte de temps	Zeitverlust
planear	T.C.	to glide	planer	schweben, gleiten
posarse	LL.	to alight, to perch (bird)	se poser	sich setzen
poza	T.C.	puddle, pool	mare	Wassergrube
prestar	G.Y.	to lend, to loan	prêter	überlassen, leihen
prestar oídos	G.Y.	to pay attention	prêter l'oreille	aufmerken, aufmerksam sein
pringoso	T.C.	greasy	gras	Klebrig
probar a	U.M.	to try doing something	essayer de	versuchen
próstata	U.M.	prostate gland	prostate	Prostata
puesto	G.Y.	since, given that	poste	Platz, Stellung
puño	U.M.	fist	poing	Faust
Q				
quejarse de	G.Y.	to complain about something	se plaindre de	sich beklagen
quemar	T.C.	to burn	brûler	verbrennen
R				
recortar	T.C.	to cut out, to cut down, to size	(dé)couper	abschneiden
recreo	U.M.	playtime	récréation	Pause
reducir	G.Y.	to reduce	réduire	verwandeln, reduzieren
registrar	S.L.	to search	fouiller	durchsuchen
remolino	G.Y.	whirpool	tourbillon	Wirbel, Strudel
repleto	S.L.	full	plein, rempli	(prall)voll
resbalar	T.C.	to slip	glisser	abgleiten, ausgleiten
retirarse	S.L.	to retire (to one's room), to go to bed	se retirer	sich zurückziehen
reventar	G.Y.	to explode, to blow up	exploser	zerplatzen, explodieren
rodear	T.C.	to surround	entourer	umkreisen
S				
sabio	G.Y.	wise	sage	weise
sacar	G.Y.	to take (something) out	enlever	entfernen
saco	S.L.	sack, bag	sac	Sack
sacudir	G.Y.	to shake	secouer	schütteln, stoßen
seguido	LL.	incessantly, without stopping	continûment	ununterbrochen, fortwährend

PALABRA O EXPRESIÓN	CUENTO	INGLÉS	FRANCÉS	ALEMÁN
seno	S.L.	the central part of something, the core	sein	Vertiefung
sentir ruido	G.Y.	to hear a noise	entendre du bruit	ein Geräusch hören
sierra	T.C.	mountain range	chaîne de montagnes	Gebirge
silbar	G.Y.	to whistle	siffler	pfeifen, zischen
sima	S.L.	chasm, fissure, abyss	précipice	Erdloch
sino (nada más que)	G.Y.	but (not more than)	rien que	nur noch
sobrar	T.C.	to be left over, to be more than enough	rester	übrig sein
sobrino	G.Y.	nephew	neveu	Neffe
soltar	T.C.	to loosen, to let go of	lâcher	loslassen
soltar algo (decir...)	U.M.	to swear, to say something without thinking	répliquer brusquement	herausplatzen, von sich geben
soplar	T.C.	to blow	souffler	blasen
soplo de viento flojo	T.C.	a weak puff of wind	souffle de vent léger	(schwacher) Windhauch
sostener	G.Y.	to hold or support something	soutenir	halten, tragen
sujetar	G.Y.	to hold, to cling on to	tenir	festhalten
superpuesto	T.C.	superimposed, superposed	superposé	überlagert
T				
tapar	T.C.	to cover something over	couvrir	abdecken
temblor	S.L.	tremor	tremblement	Beben
tener una esperanza	G.Y.	to have hopes	avoir un espoir	hoffen
tensar	T.C.	to tense, to tighten	tendre	anspannen
tira	T.C.	strip	bande, ruban	Streifen
tiro	T.C.	shot, gunshot	coup (de fusil)	Schuß
torpedo	G.Y.	torpedo	torpille	Torpedo
torre	T.C.	tower	tour	Turm
torta	U.M.	slap	baffe	Ohrfeige
traidor	U.M.	traitor	traitre	Verräter
transparente	LL.	transparent	transparent	durchsichtig
trauma	U.M.	trauma, upset	traumatisme	Traum
trepar	G.Y.	to climb up	grimper	klettern
triunfo	G.Y.	triumph, victory	triomphe	Sieg
tronco	G.Y.	tree trunk	tronc	(Baum)Stamm
U				
únicamente	G.Y.	only, solely	uniquement	nur
V				
vapor de ruedas	G.Y.	paddle steamer	bateau à vapeur à roues	Raddampfer

PALABRA O EXPRESIÓN	CUENTO	INGLÉS	FRANCÉS	ALEMÁN
velocidad	G.Y.	speed, velocity	vitesse	Geschwindigkeit
víbora	G.Y.	viper	vipère	Viper
viga	G.Y. S.L.	large piece of timber, beam (in a celing)	poutre poutre	Balken
vuelto	S.L.	when he came home	revenu	zurück
Z				
zambullir	G.Y.	to dive, to plunge into	plonger, immerger	untertauchen